ようこそ！子育てキッチンへ

子どもがのびのび自立する
2歳からの子育てレシピ

村上三保子

みらい PUBLISHING

見て見て！いろんなお顔

おいしそ〜♡なお口と、
手にはレシピ。ちなみに
まだ字は読めません（笑）。

楽しくない ワケがない！

ねりねり…
…くちゃくちゃ

遊んでる!?
ちゃんと食べる
からいいんです！

包丁を使うときは、こんなに
真剣な顔になります。

スライサーで切ったら、
ぜんぶバラバラだ～！

ゆで卵のカラを
むくのが
超おもしろい！

ものすごい
集中力!!

はじめての包丁は食事用ナイフで。
集中しています！

ひとりで包丁を扱います。
すごく集中した静かな時間。

匂いがすっぱ～い！
酢めし作りです。

味見？　つまみ食い？
……本気食い？

ひとりひとりの
課題に取り組んで
いるんですね

硬かったかぼちゃが、
こんなになった～‼

ママもとびきりの笑顔です

お教室風景。みんなとっても楽しそうです。

切り方はそれぞれ少しずつ違っていいんです。

やわらかいものは食事用ナイフで。

幅５ミリのななめ切り。おみごと！

お教室の準備が整っています。

しめじを慎重にさいています。

大きいフライパンにチャレンジ中！

巻きずしを作ろう！

味見が止まらな～い！

見よ！　この真剣なまなざし!!

これから酢めしを作るよ。

「巻きす」で巻くの、早くやってみたーい！

具をたくさんのせたいなー。

巻きずしの作り方は、次のページに！

子どもと楽しみながらつくる

カンタンレシピ集

とっても簡単でおいしくできる［こどもカフェ］のレッスンでも大人気のメニュー8選のレシピです。「上手に作る」ことよりも「楽しく作る」ことを目指して、子どもと素敵な時間を過ごしてくださいね！

※お子さんの成長度合いや年齢によって、できることが違います。あらかじめ下準備をするなどして、お子さんが作業しやすいサポートをお願いします。

※火を使っているとき、包丁を使っているときは、目を離さずしっかりと見守ってください。

教室の写真で作っていた

照り焼きチキン de 恵方巻

作り方

＊照り焼きチキン

① 鶏もも肉の厚みを均等にし、軽く塩こしょうをして、片栗粉をまぶし余分な粉ははたいて落とす。

② フライパンに油を入れ、皮目から入れて火をつける。中火で皮目にきつね色の焼き色がつくまで焼く。（2～3分）

材料（3本分）

照り焼きチキン
鶏もも肉1枚（約250g）
A合わせ調味料（しょうゆ大さじ1と1/2、みりん　大さじ1と1/2、酒　大さじ1と1/2、砂糖　大さじ2/3）
片栗粉・塩こしょう　適量
厚焼き玉子
B卵液（卵　2個、砂糖　大さじ1、塩　ひとつまみ、だし汁　大さじ2）
油　少々
きゅうり　1/2本
ちくわ　3本
レタス　3枚
ごはん　2合
すし酢
★（酢　大さじ4/5、塩　小さじ1、砂糖　大さじ2）
マヨネーズ　少々
のり　（全形）3枚
※その他　巻きす

③ ②を裏返して1～2分焼き、余分な油をキッチンペーパーでふきとる。
④ もう一度皮目を下にしてからAの調味料を合わせたものを加える。
⑤ 肉の両面にたれをからませながら、中火で照りが出るまで煮詰める。
⑥ 粗熱がとれたら1・5㎝幅に細長く切る。巻きずしの幅に足りない部分は継ぎ足して使います。3本分になるように調整してください。

＊厚焼き玉子
① 卵2個を割りほぐし、Bを加えてよく混ぜ、卵液を作る。
② フライパンに油をひき①を2～3回に分け入れながら、巻いていく。
④ 粗熱がとれたら、縦に細長く3等分に切る。

＊きゅうりは縦に細長く4等分する。
＊ちくわは縦半分に切る。
＊すし酢は★を混ぜ合わせてよくとかす。

① 炊きたてのご飯にすし酢を混ぜて、酢めしを作る。
② 巻きすの上にのりをのせ、向こう側を2㎝ほどあけて酢めしを広げる。
③ 少し手前にレタス・卵焼き・照り焼きチキン・きゅうり・ちくわ・マヨネーズをのせて、具をおさえながら一気に巻く。

包丁なしで作れる！

作って楽しい簡単フリフリサラダ

材料（ふたり分）

フリルレタスなど　1/ 4個
のり　（全形）１枚
塩　ふたつまみ
ごま油　小さじ 1/2
※その他　食品用ビニール袋

作り方

① ビニール袋にレタスをちぎり入れる。
② さらに、のりをちぎって入れる。
③ 塩をパラパラ、ごま油をたら～っと入れたら、空気を入れてゆるくふくらませ、口をしばって、ふりふり！
④ お皿にもりつけたらできあがり。

小さい子でも簡単！
包まない焼売

材料（焼売 20 個分）

焼売の皮　20 枚
玉ねぎ　1/2 個
片栗粉　大さじ 3
★豚ミンチ　200g
★しょうゆ・酒　各大さじ 2
★砂糖　大さじ 1
★ごま油　大さじ 1
★塩　小さじ 1/ 2
★にんにく・しょうがのすりおろし　少々
もやし　1 袋
※その他　食品用ビニール袋

作り方

① 玉ねぎはみじん切りにし、片栗粉をまぶしておく。
② ★をすべてビニール袋に入れて口を閉じ、外側からしっかりともんだら、①を入れて混ぜ合わせる。
③ 焼売の皮を5㎜幅程度にはさみで切る。
④ ②を20等分にしてまるめたら、そのまわりに③で切った焼売の皮をひっつけて丸くととのえる。
⑤ フライパン（ホットプレート）にもやしをしいて、その上に焼売を並べ、ふたをして、8～10分蒸し焼きにする。

＊小さい子どもは、生のお肉を口に入れないように見守ってあげてください。
＊レシピでは20個ですが、子どもが好きな大きさ・形で大丈夫。大小いろいろあっても楽しいです。

発酵なしですぐできる！

じゃがいも pizza

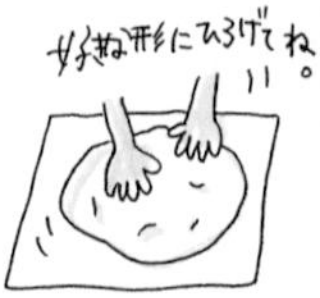

材料（12㎝くらいの大きさ６枚分）

じゃがいも　300g
小麦粉（強力粉）100g
片栗粉　25g
油　小さじ１
塩　少々
＊トッピングの具
（ウィンナー・ハム・ツナ・コーン・ブロッコリー・ピーマン・チーズなどお好みで）
＊ピザソース
（ケチャップ大さじ３・マヨネーズ大さじ１弱・にんにくのすりおろし１かけ分・しょうゆ小さじ１・塩コショウ適量・乾燥バジル（あれば））
※その他　食品用ビニール袋

作り方

①ピザソースを混ぜ合わせておく。
②じゃがいもの皮をむき、やわらかくゆで（電子レンジでもいい）、ビニール袋に入れる。
③①に強力粉・片栗粉・油・塩を加えて口をとじ、外からこねてひとつにまとめる。
④打ち粉（分量外の小麦粉）をしいたまな板に生地をとりだし、６等分に分け、丸くのばす（子どもの好きな形にのばして大丈夫です！）。
⑤ピザソースをぬって、好きな具をトッピングする。
⑥ホットプレートに並べ、ふたをして約10分、生地に少し透明感がでるくらいまで弱火で蒸し焼きにする。

子ども画伯が誕生!?

自由なトッピングカレー

材料（2皿分）

カレールー　　（5皿分）
・トッピングの具
（ハム・ミニトマト・プロセスチーズ・ゆでブロッコリー・ゆで玉子など。ほかにもお好みで季節のお野菜をたくさんのせて楽しんでくださいね）

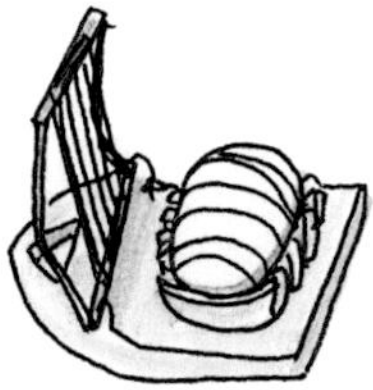

作り方

① なべにカレールーの箱の表示量の半分の水を入れて、沸騰したら火をとめてカレールーを入れる。

② ルーをしっかり溶かしてからもう一度火をつけて、とろみがつくまで煮る。少しかために仕上げたいですが、味見をして濃く感じたり、もう少しゆるくしたい場合は、水を適量足して、調整してください。

③ トッピングの材料を、子どもの好きなように切ってもらう。ハムは、型抜きをしたり、ゆで玉子はエッグスライサーを使っても楽しいです。

④ 器にごはんを盛りつけて②のカレーをかけ、③を自由にトッピングしてできあがり。

ハロウィンにもぴったり!

混ぜるだけのかぼちゃマフィン

材料（マフィン型4～5個分）

薄力粉　75g
ベーキングパウダー　小さじ1/ 2
砂糖　40g
なたね油　40g
卵　1個
かぼちゃ　200g
はちみつ　大さじ1
シナモン　適量
レーズン　25g
※その他　マフィンの型

作り方

① かぼちゃは皮つきのまま1㎝の角切りにして、ラップにくるみレンジ（500w）で3分やわらかくする。熱いうちにハチミツをからめ、レーズンとシナモンを加えて混ぜ合わせる。

② ボウルになたね油と砂糖を入れて、しっかりと混ぜ合わせ、ときほぐした卵を少しずつ加え、さらによく混ぜ合わせる。

③ ②に薄力粉とベーキングパウダーをふるいにかけながら加え、さっくりと混ぜ合わせる。

④ ①を③に加え、全体を混ぜ合わせたらマフィン型に入れる。

⑤ 180℃のオーブンで25～30分焼く。

クリスマスに楽しみたい

ポテトサラダのツリー

材料（ふたり分）

じゃがいも　小２個
玉ねぎ　1／４個
ベーコン　1／２枚
黄色いパプリカ　星形に切ったもの　２個
マヨネーズ　大さじ２
塩　こしょう　少々
ミックスベジタブル　大さじ２
飾り用のベビーリーフなど　10枚
※その他　１ℓの牛乳の空箱　１個

作り方

① じゃがいもはゆでてマッシャーでつぶす。
② スライスした玉ねぎと、細かく切ったベーコンをフライパンで炒め、塩、こしょうで味つける。
③ ①に②とマヨネーズ、塩、こしょうを加え、混ぜ合わせて、味を整える。
④ 牛乳パックを開き、図のように直径20㎝の円を書き、3分の1を切りだし、円錐形にまるめてホチキスなどでとめる。
⑤ そこに③の半分をしっかりつめて、お皿にパカッ！　これを2つ作る。
④ ミックスベジタブルやベビーリーフで飾り、上にパプリカの星をのせる。

子どもと迎えるお正月!

手作りさといも餅のお雑煮

材料（ふたり分）

さといも　　　100g
片栗粉　　　　大さじ1
にんじん・だいこん　各5㎝くらい、
麩・青い野菜（春菊、水菜、三つ葉など少々）
＊だし汁　　　400cc

作り方

① さといもは、皮をむいてやわらかくゆで、熱いうちにマッシャーかフォークでつぶし、片栗粉を加え、混ぜる。

② おもちの形に成形する（手に水をつけるとくっつきにくい）。

③ フライパンで両面に焦げ目がつく程度にこんがり焼く。

④ にんじん・だいこんは5㎜くらいの輪切りにして下ゆでし、好きな型抜きでぬく。青い野菜も下ゆでしておく。

⑤ お椀に③とにんじん・だいこん・水でもどした麩を入れて、熱々のだし汁をはる。

⑥ 下ゆでした青い野菜を彩りにのせて仕上げる。

はじめに

はじめまして。村上三保子と申します。この本を手に取っていただきありがとうございます。

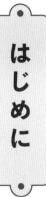

私は、2歳からの6歳までの子ども料理教室［こどもカフェ］を2010年から主宰しています。レッスンの中で出会った延べ7000人以上のママたちとたくさんの悩みを共有し、また共感してきました。

私が主宰している子ども料理教室［こどもカフェ］は、親子で参加していただきますが、親の「手だし口だし」禁止という厳しいルール（笑）があります。親が子どもにあれこれ手だし口だしすることが、どれだけ子どもの体験を奪い、成長を邪魔しているかということをレッスンの中でお話しし、また、体験していただいているのです。はじめから、辛抱強く黙って子どもを見守れるママはほとんどいません。だって、2歳の子どもが本物の包丁を持って野菜を切るんですよ！　みなさん息をするのも忘れて見守っています（笑）。

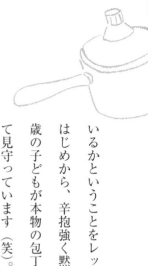

私たちは、ついつい目の前の「できた」「できない」をまわりと比べて、一喜一憂してしまいがちです。でも、子育ての本当のゴールとはどこでしょうか？

この本では、知らず知らずのうちに、情報の波に飲みこまれてしまい、答え探しばかりをしているママ。いつもまわりと自分や子どもを比べてしまって、自分らしさやその子らしさを見失っているしんどいママ。もっともっと自由にのびのびと子育てを楽しみたいのに、人目が気になってまわりに合わせてしまうママ。毎日、自分のイラ

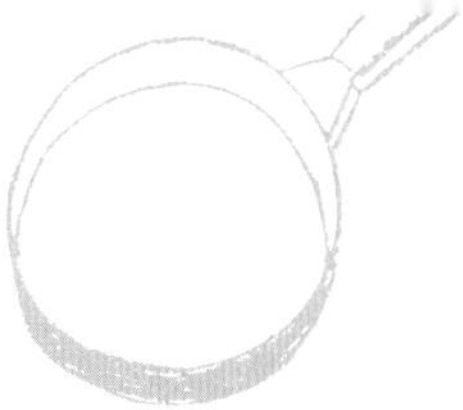

イラした感情に振り回されているママに向けて、ご自分の中にある「愛と子育て力」に気づくヒントをたくさんちりばめています。

また、多くのママが、子どもを愛し、守りたいがために、やってしまいがちな間違いも書いています。少し、耳の痛い話もあるかもしれません。なんだか、ちょっと腹立たしい！　そんなこと言われなくてもわかってる!!　そんな風に感じたら、どうぞ読み飛ばしてくださいね。

すべてを真面目に読んで、すぐに行動するのはハードルが高いかもしれません！　書いている私でも、長男を出産して、18年。頭ではわかっていても、できていること、できていないことがあります。頭でわかっていて、できなかったときに凹む……その凹んだときに、中を開かなくてもこの本を手に取って深呼吸をしてもらえたら、それで大丈夫。

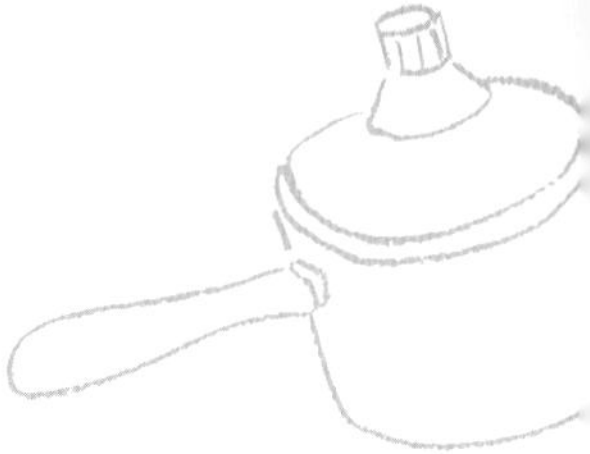

この本の目的は、ママがこどものおもちゃと一緒に転がっているこの本の表紙を見ただけで、肩のチカラが抜けるようなお守りになること。

そして、何より、
「この子を産んでよかったと、心から子育てを楽しめるママ」
になっていただきたくて、日常の親子の時間を宝物にするコツを書きました。

特別な教育を受けさせなくても、送り迎えをしなくても、どこの家庭にでもあるキッチンで、子どもと並んで料理をする。小さい子どもと一緒に料理をすることは、ハードルが高く感じるかもしれませんが、この本を通してどんなに忙しいママでもキッチンに立つ時間があることをよかったと思える、素敵な親子の時間にしていただけることを約束します。

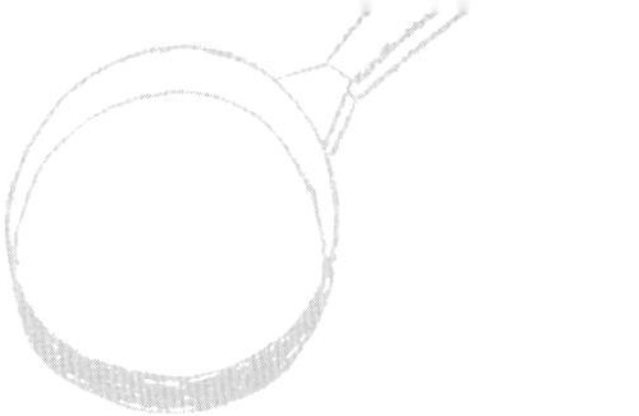

子育てに悩んだら、子どもと一緒にお料理をしてみてください。

そこに「楽しい」が見つかり、はじめて聞いた我が子の泣き声を愛おしく感じた感覚を思い出すことでしょう。我が子をはじめて胸に抱いたとき、「ただ元気でいてくれたらそれでいい」と心から願っていたはずです。そして「幸せな人生を送ってほしい」とも。

命をかけて産んだ子どもです。あなたがもっともっと自分の持っている「子育て力」を信じて、限られた時間をもっともっと幸せに過ごせますように。

目次

第2章 子育ては「よりそう」だけでうまくいく！

第3章　「ほめて伸ばす子育て」で、子どもは本当に伸びるの？　87

第4章

「ママと一緒に料理」で、子どもが自然に学べるたくさんのこと　115

第7章 子どもの心が育つ幸せな家族と家庭環境とは

第1章

子どもには、どんな人に育ってほしいですか？

あなたの子育てはもっと楽に、楽しくなります

目をつむって思い出してください。我が子をはじめて胸に抱いたとき。あなたは何を感じましたか?

生きて出会えてうれしい
元気にうまれてきてくれてありがとう

人それぞれ、感じたことは違うと思います。でも、何よりもホッとした。そんなところだと思います。

私は、今18歳と12歳の男の子ふたりの母親です。ドタバタと格闘技のような子育てをしているうちに、もう、ゴールが見え始めています。日曜日の朝は、早起きしてお弁当を作り部活やアルバイトに送り出した後、朝7時からおひとり様時間です。もし、子どもが小さいころの私にメッセージを送ることができるとしたら、

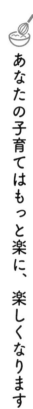

「あなたが今、心から望んでいる自由な時間が手に入ったら、喜びと同時に役割を終えようとしている少しのさみしさもやってくるよ。子どものためにすべてをささげる必要はないけど、ささげたくてもできなくなる時期がくる。焦らなくても大丈夫♡」と言ってあげたいです。

こどもカフェのレッスンに通ってくれていた女の子の成長と、それを見守るママの葛藤や成長が私の中で色濃く印象に残っているので、紹介しますね。

2歳から6歳の小学校入学までの間、料理教室に通ってくれた女の子が最後のレッスンでくれたお手紙です。

「いつもおいしいりょうりをおしえてくれてありがとう　たのしかったよ　いつもみんなのために　ざいりょうをよういしてくれて　ありがとう　おいなりとまーぼーどうふが　おいしかったよ　まきずしも　おいしかったよ　わたしのことわすれないでね　わたしが　おかあさんになったら　こどもといくから　まっててね」

この女の子は最後のレッスンでこのお手紙と、今までレッスンで習ったなかで、自分ひとりでできるメニューを選んで、お弁当を作って持ってきてくれました。

彼女は通い始めた2歳のころ、どうしてもあいさつができませんでした。ドアの外で何度もママと練習しているのが聞こえるのです。

「おはようございます。おねがいします」

でも、いざ私の顔を見ると恥ずかしくて声が出ません。ママもやきもきしていましたが、「自分から言えるようになるまで、一緒に待ちましょう」って話したんです。

それから半年後。はじめて、とっても大きな声で

「せんせい。おはようございます！」と言って入ってきました。

その時の自信に満ちあふれたドヤ顔と、後ろで見守るママの嬉しそうな笑顔は今でもはっきり覚えています。

自分の中の恥ずかしい気持ちと、あいさつしたい気持ちが戦ってたんだよね。ママも「あいさつしなさい」って言いたいのをずっとがまんして見守っていました。自分の中の気持ちの葛藤に勇気をふりしぼって子どもが壁を乗り越えた瞬間です。彼女は、この日から誰よりも大きな声であいさつをし、レッスン中も自分の思いを言葉にして伝えてくれるようになりました。

もし、ママが他人の目を気にして、あいさつのできない子の親だと見られるのがイヤで、「ほら、あいさつしなさい」「おはようございますでしょ！」と言い続けていた

ら……。この子は、自分で自分の気持ちと向き合い、葛藤を乗り越える成長の機会を奪われていたことになります。結局、ママに言わされてあいさつをし、自分に自信を持てず、「私はあいさつのできないダメな子」と思ってしまう。それは、とっても残念なことだと思いませんか？

いろいろなことを思いだしながら、みんなが帰ったあと、私はうれしくて泣きながらそのお弁当を食べました。そしてそのあと、ママからもメッセージをいただきました。そこには、この女の子が、先生である私に感謝の気持ちを伝えるにはどうしたらいいか？を一生懸命考えている様子や、人に自分の思いを届けたり、喜んでもらえるように思いをはせることが、自分の喜びにつながることを料理を通して学んでいたことがわかり、すごくうれしかったと書いてくれていました。

私たちは、子育てを「きちんと」しなくちゃいけない。いえ、「他人からきちんとしているように見られなくてはいけない」と知らず知らずの間に思っているふしがあります。実は、それが子育てをしんどくしているし、子どもの成長の芽を摘むような言葉になって、発せられたりすることがあります。

こんな人になってほしい！　ベスト3は？

今まで出会ったたくさんのママに質問をしてきました。

「あなたは、子どもさんにどんな人に育ってほしいですか？」

私がこの仕事を始めて10年間、人が変わり世代が変わっても、答えはずっと同じです。

第1位・思いやりのある人
第2位・好きなことを見つけて楽しい人生を歩める人
第3位・自立した大人

いつも、このトップ3です。10年間、変わることはありません。そして、この次にくるのが、第4位・まわりに迷惑をかけない人です。こちらについては、日本の文化的な背景も関係していると思うので、それはまた後で触れるとして、今は、どうすればトップ3のような人になれるかを、考えていきたいと思います。

第1位
思いやりのある人

思いやりって何？

そもそも、思いやりとは何でしょうか？　辞書によると、「その人の身になって考えること。察して気遣うこと。同情。（引用：『大辞林』三省堂刊）」と書いてあります。この「思いやり」を子どもに教えようとしてママたちがよく言っている言葉、私も我が子に対してよく言ってきた言葉があります。

「自分がされてイヤなことは、人にはしてはいけません！」
「自分がされてうれしいことを、人にもしてあげましょう！」

この黄金律のような言葉を子どもに向かって言ったことのないママは、いないのではないでしょうか？　でもね、よくよく考えてほしいのです。人は、ひとりひとり違う。ものの見方も感じ方も、解釈の仕方も、何もかも違います。そして、「自分がされたらイヤなこと」と「相手がされたらイヤなこと」は、同じではないのです。

相手によろこんでほしくて、ありったけの思いをこめてプレゼントを選んで、いざ渡したらあまりよろこんでもらえなかった……という経験はありませんか？　自分だったらこんなものをもらったらうれしいな、と思って選んだけれど、それが相手と同じではなかった……という、とてもシンプルな事実です。それなのに、相手がよろこんでくれなかったら、「せっかく時間とお金をかけて、プレゼントを選んだのに！」と、まるでよろこばなかった相手を思いやりのない人だと言わんばかりに腹を立ててしまうというのも、めずらしい話ではありません。本当の思いやりとは、「もし自分だったらこうしてほしいと思うだろう」ではなく、**「相手はどうしてほしいのだろう？」**と思いをはせることです。

自分と他人は違うということを認識する

子どもは「自分」と「相手」は違うということを、2〜3歳のころから認識し始めます。それまでは、眠いときは寝て、お腹がすき泣けばミルクがもらえる。すべてが思い通りで、自分の思いとママの思いは同じでした（ママからすれば理不尽な不眠不休の要求も、赤ちゃんの間は聞かざるをえなかったんですが…）。それが、1歳になり歩き始めるころから、触ってはダメ！　のぼってはダメ！　口に入れてはダメ！とすべて自分の思いと同じだったママから、自分の思いと違う言葉がでてくるようになります。

そして、自分とママは違うんだ、という認識が始まり自我が芽生えてくると、自己主張が始まります。自分の思いどおりだった世界が、ママという別の世界（＝社会）と出合い対立が始まる。それがイヤイヤ期なのです。こっちにおいで、と言えばあっちへ行く。ダメ！　と言えば、キーキー声をあげて親があきらめるまで叫び続けます。何とかしてママを自分の世界へひっぱりこんで、同じであることを求めますが、それは叶わない願いです。そしてこの時期、ママも自分の世界へと子どもを引っぱりこもうとしてしまい、親子で対立してしまうのです。

子どもがはじめて出合う社会であるのが「ママ」で、自分の思うとおりにいかないこともある……ということがわかりだしたとき――、そのときが「思いやり」を育てるチャンスなのです。子どもと対立している場合ではありません（笑）。

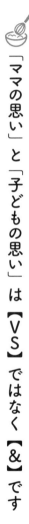

「ママの思い」と「子どもの思い」は【VS】ではなく【&】です

「もう、帰るよ〜」「イヤだ〜まだ遊ぶ〜」「ダメよ！　帰って早くごはんを作らなきゃいけないいから」「イヤだ〜まだ遊びたい〜」「もう、たくさん遊んだでしょ」「イヤだ〜たくさん遊んでない〜」「いつもそう言って、遅くなってお腹がすいて機嫌が悪くなるのはあなたでしょ！　わがまま言わないで！」

夕方の公園で聞こえてくる親子のやりとりです。こう言っているママの気持ちは「急いで帰りたい私の気持ちをわからないの？　あなたのためのごはんを作るのよ！　相手の立場になって考えたらわかるでしょう？」……でしょうか。

私たちは、どこかで「思いやりのある人」は「相手に合わせられる人」で、「自分に合わせてくれない人」は「思いやりのない人」だと思い込んでいるところがあります。そのくせに、子どもが人に合わせてばかりいると、「うちの子は、人に合わせてばかりいて、自分の意見がなかなか言えないので、将来いじめられるのではないかと心配です」と言うのです。決して「思いやりのあるいい子なんです」とは言いません……。思いやりのある人になってほしいと願いながら、「思いやり」が何なのかは、ぼんやりとしか認識していないのです。夕方の公園のやりとりを例にとっても、お互いの社会に合わせろ！　と対立しています。では、どうしたらいいのでしょうか？

こんな会話に変えてはどうでしょうか？

「もう、帰るよ〜」「イヤだ〜まだ遊ぶ〜」「そっか〜まだ遊びたいんだね。ママは帰りたいな〜」「イヤだ〜ぼくは遊びたいもん」「そっか〜遊びたいのか。ママおうちに帰って○○ちゃんの晩ごはん作りたいんだよね〜」「だめだめ〜まだ遊ぶ〜」「そうだよね〜まだ遊びたいよね〜。でも、帰りが遅くなったらお腹もすいちゃうし、ごはんも遅くなっちゃうし、ママ困るな〜」

これで、すんなり「わかったよママ。帰ろう！」って子どもが言うかどうかはわかりませんが（笑）、少なくとも、「子どもの思い」と「ママの思い」があって、両者は違う。どちらが正しいか間違いかでもなく、それぞれの思いがあるんだよ。ということが子どもの中に認識されていきます。その上でどうするのか？　をふたりで歩み寄って決められたら素敵ですね。前の会話例の場合だと、結局最後に「わがままを言って、ママのいう事を聞かない子はダメな子」になってしまいます。これでは、「相手に思いをはせる」という思いやりのタネを育むどころではありません。

相手の気持ちに思いをはせる

ある日のことです。私が主宰している「こどもカフェ」の卒業生で、小学1年生になった女の子から、相談がありました。パパの誕生日にごはんを作ってあげたいから、お料理を教えてほしい、というのです。ママはその気持ちがうれしくて「みほりん先生に相談してごらん?」と言って、私のところにきました。私は、うれしくて彼女に聞きました。「何を作りたいの?」

「う~ん……パパの誕生日だからパパに聞いてみるね」

と女の子は答えました。

自分が作りたいもの、自分が作れるものを作るのではなく、パパの好きなパパが食べたいものを作ってあげたい、と言うのです。これが「思いやり」です。

いつも、献立で頭を抱えているママも多いですが、悩みは同じ「家族のよろこぶごはん」が作りたい。うちの子、ハンバーグが好きなんです。パパは、あまり甘いものが好きじゃないから……など、家族の好きなもの、家族がおいしいと言ってくれるものを作りたいという思いやりであふれています。だから、まずは自分の中に、あたり前にある思いやりに気がついてほしいな、っていつも思っています。

「自分がされてイヤなことは、人にしないで！」

と子どもを怒るのではなく、

「○○ちゃん（お友達）、どんなことをされたらイヤなのかな？」
「○○ちゃんは、何をしてあげたらよろこぶと思う？」

と子どもと一緒にお友達に思いをはせる。そんな声がけをし、子どもと一緒に考えることが、思いやりのタネを育みます。

第2位 好きなことを見つけて楽しい人生を歩める人

好きなことを見つけられる環境とは？

子どもに好きなことを見つけて楽しい人生を歩んでほしいと願っている親はたくさんいます。好きなことをとことんさせてあげたい。そして、可能ならその好きなことが仕事になって、楽しみながら仕事ができて、おまけにそれが人の役に立つことなら最高です！　と、ワクワクしながら話してくれます。最近では、「好きなことを仕事にする」というキーワードがブームですが、仕事にしようと思っているのなら、まずは、思いやりの基本である「相手が望んでいることは何か？」を知ること。そして、「自分が好きなこと」が何かを知っていること。さらに、「相手が望んでいること」と「自分が好きなこと」が出合い、お仕事として成り立つことが必要です。

自分を知り、相手を知り、出会い、育むという課程がなければ、お仕事にはなりません。この、好きなことを見つけて楽しい人生を歩んでほしいと願っている親の多くは、自分自身が好きなことを見つけられないまま大人になっている場合が多いのも事実です。その理由は様々でしょうけど、なんとなく目の前にある、人から与えられた勉強や遊び、趣味の中で、特別な出合いもなく、特別な情熱をもつこともなく、大人になってしまったのかもしれません。今の時代、多くの人がそうやって大人になっていることも、好きなことがないことの原因ではないかと思っています。

ママと一緒にいたくて、ママが何をやっているか気になって、キッチンに入って行くと、「危ないからあっちに行ってて」とテレビをつけられる。公園の砂場でお山を作っている子がいて、一緒に作ってみたい、こわしてみたい！　と思っても、「お友達が遊んでいるからじゃましてはいけません」とたしなめられる。みんながすべっているすべり台。下から登ったらどうなるんだろ？　と下から登ろうとすると、「ダメよ。順番を待って上からすべらないと危ないでしょ！」と怒られる。

小学校に入り、学校から帰ってきて、お手伝いをしたい～とキッチンに入ると、「今はいいから先に宿題をしなさい」「ピアノの練習をしなさい！」と断られ、公園では、ボール禁止、危険とされた遊具は撤去……。そして高学年にもなれば、塾と習い事で放課後から寝るまでびっしりのスケジュール。行く先々では、スマホの到着メールが保護者に届き、寄り道でもしようものなら、「まだきていません」と連絡が入る。中学校に入れは、部活と塾。課題に追われ、気がつけば受験勉強にあけくれる日々。

書いているだけでも、息苦しくなってきます。子どもたちは、いったいいつ、好奇心を満たし、好きなことに出合い、それをとことん楽しんで夢中になるところまで育むことができるのでしょうか?

こんな環境で育ってきたのが、今の親世代です。自分が好きなことを見つける暇もなくて、目的をもつこともなく大人になりました。世の中が「好きなことを仕事にする」ブームになっている今、子どもに自分のできなかったことを望んでいるのでは?と思う私は、意地悪でしょうか?

少し前までは、「イヤなことでも、がまんしてやる。得意なことをのばすより、苦手なことを克服する」ことがよいとされていて、今の親世代はその価値観をもっている人がたくさんいます。だから、「好きなことを見つけて、得意なことをのばしてあげたい」と口では言っていますが、実際、子どもにかけている言葉や、子どもに与えている環境は、自分たちが育ってきたような息苦しいものであることが多いのです。

苦手なことは克服したほうがいい？

うちの長男は、好きなことと嫌いなことがはっきりと分かれています。私も少なからず嫌いなことでもやっておいた方がいい、と思うものはやらせたかったし、苦手克服の考え方ももっています。だけど、長男はまったく私の思いは受け入れませんでした。

保育園のころから通っていた定番のスイミングスクール。バタ足の級から1年以上、級が上がることなく、ずっとバタ足をしているのです。順番がくるまでの間、友達とふざけては先生に怒られ、バタ足は上達せず、見ている私はいつもイライラとしていました。水の事故は命に係わることだから、どうしても泳げるようになっておいてほしい。これは、私の強い思いだったので、とにかくイライラしながら続けさせていました。

小学校に入り、1年生の夏になるころ、長男はスイミングスクールをやめたいと言いだしました。まだ、バタ足クラスでダラダラと続けていたのですが、とうとうイヤになってしまったんでしょうね。

それでも、せめてもう少し泳げるようになるまでと、説得したり、おだてたり、帰りのドーナツをちらつかせたりしながら続けさせていましたが、とうとう、スイミングの日は、朝から「お腹がいたい」「しんどい」と言って、学校までも休むようになりました。

何回かくり返し、あれ？　スイミングのある木曜日になると体調悪くなってる……と気がつきはじめたころのことです。息子がドッジボールで突き指をして剥離骨折をしてしまいました。その日は木曜日。もちろん、スイミングには行けません。木曜日だったのは偶然かもしれません。でも、その日私は、意地になっていた自分の気持ちに気づいたのです。

私は、イヤなことでも、必要とあればやらなければいけないのが大人の世界だから、好き嫌いだけでやるかやらないかを決めるのはダメ。イヤなことでも必要なことはやらせなければいけない！　と、意地になっていたのだ……。そんな自分に気がつき、その日のうちにスイミングスクールを辞めることを長男と一緒に決めました。また自分から「泳ぎたい」と思ったときに、スクールが必要と思ったら通えばいい、と思えたのです。

その後、スイミングスクールに通うことはありませんでしたが、いつのまにか泳げるようになっていて、友達とプールに遊びに行ったときに、恥ずかしい思いをするんじゃないかという私の心配も、無駄だったんだなぁと、あとから気がつきました。

次男は、小さいころから野球が大好きだったので、小学2年生のころから地域のチームに入って、毎週末、野球にあけくれる日々を送っていました。ほかの習い事は、定番の公文。お兄ちゃんが通っていたのでどこか憧れもあったようです。しかし、楽しかったのもはじめのうちだけ、4年生になるころ「やめたい」と言いだしました。国語と算数の2教科に通っていたのですが、特に算数が苦手でなかなか進まず、イヤになっていたみたいです。

公文の先生に相談したら、苦手だからこそ、やめさせたらさらに遅れをとってしまう。ここはがんばって続けさせてください、と言われましたが、そのとき私は、先生の「遅れをとる」という言葉に違和感を抱きました。

人と足並みをそろえることってそんなに大切なのかな……？　人は、イヤなことや苦手なことをするとき、好きなことや得意なことをするときの何倍ものエネルギーがいります。次男と話し合い、やっぱり算数は苦痛でしかない、けど、嫌いではない。と言ったので、私はやっぱり公文の先生に辞める意思を伝えました。これ以上、無理やりやらせると、学校の算数の時間まで苦痛になってしまうかもしれない。そして、次男には「公文がすべてではないし、学校の算数の時間をがんばろうね。これから、もし算数が苦手で、できないなと感じるときは、正直にまわりにできないことを伝えて。そして、算数が得意な友達に助けてもらったらいいよ。そのかわり、その友達が苦手なことで、あなたが得意なことがあったら、そのときはあなたが助けてあげてね」と伝えました。

　野球のチームでも、レギュラーにはなれず、なかなか試合にはでられませんでした。私も、夫も、野球が好きなら、上手になって試合にだしてもらえるように、毎日素振りをするとか、ランニングをするとか、何かもっと、かげの努力をしたらどうなの？　と何度も言いましたが、結局、かげの努力と言われるようなものはまったくせず、やっぱり補欠で、でも野球をやめるという選択肢はもたず、今は中学校の部活で野球部に入って、とっても楽しそうに毎日練習に励んでいます。

親の覚悟が試されるとき

　好きなことを思う存分させてあげたい！　と親はみんな思っているし、応援したいと思っています。でも、それはあくまでも親の想定内で好きなことを見つけてほしいし、自分の面倒くさくない範囲でがんばらせたい。そう思っているのも本音です。うちの子どもたちが公文に通っているとき、まわりの通わせていないママに言われました。

「うちの子も、公文に行かせた方がいいかなぁ？　でも、公文って宿題がたくさんで、それをやらせるのが大変なんでしょう？」

次男が野球のユニフォームを着てウロウロしているのを見て、これもまたたくさんのママに言われました。

「野球って、土日のたびに練習につきそうの？　お弁当作ってるの？　お当番って大変じゃない？」

子どもに好きなことを思う存分させてあげたい！　と思っているのなら、子どもの思いや、子どもの願いをサポートするのが自然な流れだと思いますが、あくまでも自分のキャパの中で子どもに好きなことを見つけさせ、自分のキャパの中での〝思う存分〟を実現させようというのは、ちょっと都合が良すぎるのではないでしょうか？

各ご家庭の都合、お仕事の都合、それぞれにそれぞれの理由があります。すべてをなげうって子どものサポートをしろとは言いません。私も、実際子どもによりそえない部分もたくさんありました。そのときに、子どもとどれだけ本気で向き合って、どうしたら子どもが「好き」を思う存分できるのか？　を一緒に考えることが大切です。

たくさんのママに「習い事どうしたらいいか？」のご相談をうけてきました。ですが、そのほとんどが、子どもの望んでいることをどうやって叶えてあげたらいいかという悩みではなく、「英語はいつくらいからさせたほうがいいか？」「公文はやったほうがいいか？」「何かスポーツはひとつくらいやって、チームワークを学ばせた方がいいか？」「プログラミング教室にいかせておいたほうが、これからはいいのでは？」など……。これらの質問は、すべて親が思う「やらせておいたほうがいいと思うこと」で、子どもが好奇心をもって、自ら見つけて好きになって、夢中になっているものをどうサポートしたいか？　という悩みではないのです。

残念ながら、これでは好きなことを見つけられないまま大人になってしまった、親世代と同じことのくり返しです。子どもの〝好き〟を見つけ、やりたいと思うことを思う存分させてあげるというのは、ある意味覚悟もいるし、親の器を試されているような感じもします。

料理教室なのに「ジャグの蛇口」で遊んでいる⁉

子どもはうまれながらにして好奇心のかたまりで、チャレンジャーです。はじめて見るもの、聞こえる音、肌にふれる風、甘いおやつ、その発見の連続の中から興味をもち、もっともっと、と好奇心をかり立てられ、次々と広がる世界に出合い続けているのです。大人から見れば小さなことかもしれませんが、子どもは、今、やりたいこと！　今、見たいこと！　を、とことん納得するまでやり続け、やり遂げたいのです。

「こどもカフェ」の人数の多いクラスでは、飲み水をジャグに入れて自分でコップに水を注げるようにしています。あるとき、はじめて参加した2歳の子が、はじめてジャグに出合った日のことです。コップを蛇口の下においていて、みんながしているようにそうっとレバーをたおすと、水がでてきます。手を離すと止まります。どうして、水がでてくるのだろう？　どうして、水がとまるのだろう？　何度も試して確認するので、コップからは水があふれ、ジャグのまわりは水浸しに。あわてて雑巾でこぼれた水をふく私やママたちには目もくれずに、ただひたすらレバーをたおしたり、元に戻したりして、水がでたり止まったりするのを観察していました。

ママは、「もう、お水はいいよ。ありがとうね。お席に座って、お料理しましょう」と何度も言いましたが、その子は、ジャグの前から動かずに観察を続けています。しばらくして、やっと自分の席につき、みんなと一緒にお料理を始めましたが、また、ジャグのところに行って、水を汲んでいます。ママは、もううんざりした顔になってきて「いい加減にしなさい！」と抱き上げようとしました。

そこで、私が言ったんです。「本人が納得するまで、好きにさせてあげて」と。ママは、びっくり顔です。わかります。だってお水はもったいないし、雑巾でふくのは大変だし、今日はお料理教室にきているのに、お料理をせずにジャグで水遊びをしているなんて……。ママの気持ちは痛いほど伝わってきます。私は続けて、「この子にとっては、今、このジャグの蛇口がとっても不思議で、おもしろくて、研究してるんですよ。好きなだけさわって、いろいろ試してみて、自分の中で理解納得できたら、もうやらなくなります。だから今日は、お料理をしなくてもいいんですよ」と言いました。

「こどもカフェ」は、料理教室ですが、子どもの「やりたい」を叶える場所でもあります。大人の料理教室と違って、子ども自身がお料理が上手になりたい！という目的をもって参加しているわけではないし、楽しい、やりたい、から参加している場所です。大人にとっては、小さい子どもの「料理」と言えば、すごく特別感がありますが、はじめての出合いに好奇心いっぱいで、目を輝かせている子どもにとっては、はじめてのジャグも、はじめての包丁も、同じくらい魅力的。このときは、ジャグからでてくるお水との出合いが衝撃的だったのでしょう（笑）。

結局、この子は好きなだけジャグとお水の研究をして、お料理はほとんどせずに大満足して帰って行きました。もし、あなたがこの子のママだったら、そのあとどうしますか？　お料理教室なんて、まだ早かった。この子は、料理に興味がないみたいだから、もう行かないでおこうかな？　そんな風に思うかもしれませんね。

しばらくして、この子のママからメールをいただきました。長文ですが紹介します。

《先生、先日の「こどもカフェ」のレッスン、ありがとうございました。結局水遊びだけて終わってしまった息子ですが、とことんさせてもらったことですごく満足したのか、あの日の午後は本当にご機嫌で、グズることもなく、とても気持ちも落ち着いていて、何より満たされているように見えました。考えてみれば、本人が夢中になってやっていることも、ちらかるから、とか、時間がないから、とか、何かと理由をつけてとことんやらせてあげることってなかったかもしれません。やりたいことをとことんやらせてあげる、それを見守ることは、なかなかの忍耐で、家ではなかなかできないことですけど、レッスンの中でそれをさせてもらえて、息子にとっても、私にとっても、すごくいい経験になりました。また、次のレッスンも参加させていただきます。》

そして、2回目の参加のとき、その子はジャグには見向きもせずにみんなと一緒にお料理を楽しんでいました。きっと、1回目で研究は終わっていたんでしょうね。そうママとお話しし、ママはホッとされていました。

子どもからわきでる好奇心を向上心につなげましょう

せっかく料理教室にきているのだから、やっぱりお料理をしてほしいと思うのはあたり前です。でも、あえてそこにこだわらず、子どもの行動を楽しむ心の余裕をもつことで、子どもはのびのびとやりたいことを楽しみ、それを許してくれるママのもとで、好きなことを見つけ、開花していくのだと思います。ちなみに……いくら私が、今日は料理をしなくても大丈夫ですよ、やりたいことをとことんさせてあげてくださいね、とお声をかけても、どうしてもがまんができなくて、お料理をさせるママもいます。子どもは自分のやりたいことを途中でとりあげられ、それだけでもイヤな気持ちになっているのに、今、興味がもてない料理をする気になんてなりません。それでも、何とかかんとか料理をしたとしても、次に参加したときは、前回やり残したことをもう一度しようとします。やりつくしていないので、心が残っているんでしょうね。そして、またママに取り上げられる……。ママのほうも、これをくり返しているうちに、この子は料理に興味がない。料理が好きじゃない。みんなと一緒の行動ができない。親の言うことを聞かない。集中力がない……と、ないないづくしの眼鏡で子どもを見るようになっていきます。こうなってしまったら、子どもは、「ママは自由にさせてくれない」と、自分から行動をすることをやめるし、ママはさらに、何をやらせても続かない。何が好きなのかわからないというループにはまってしまいます。

子どもに好きなことを見つけ、楽しい人生を送ってほしいと願うなら、まずは、身の回りの小さなことでもいい、子どもの新しい出合いや発見を一緒に楽しみ、子どもの〝やりたい〟をとことん叶えられる環境を整えて、子どもがやりきるまで見守る機会を創ってあげてください。いつもいつも、子どもの要求にすべてこたえられなくても大丈夫。今日は子どもの日、この時間は子どもの時間、と決めてやってみると、意外と親も一緒に楽しめるものです。そして、やりたいことをやってもやっても、満足せず、どんどん夢中になっていくことが見つかったら、そのときがチャンスです。その夢中をのばしてあげてください。好奇心を満たされた子どもは、きっと、のびのびと活き活きと、飽きることなくチャレンジし続けることでしょう。そして、向上心を身につけていくのです。

第3位 自立した人

自立へのステップとは

「自立」には、大きく2種類があると考えています。精神的自立と、経済的自立。女の子でも男の子でも、両方の自立を求めているママが多いのですが、ここでは、精神的自立について書きます。

自分の子どもには、自立した人になってほしいと言うママも多いですが、では、自立って何？　どういう人を自立した人と言うの？　と質問すると、その答えは様々です。様々なゴールにむかってそれぞれが解釈しても、話が伝わらないので、私の考える「自立した人」を定義づけすると、

・感情にふりまわされない
・自分の非をみとめることができる
・感謝の気持ちをもち、言葉にして伝えることができる
・本当に必要なものを選択するチカラと勇気をもっている
・目の前の人を笑顔にする
・自分で自分を満たすことができる

と、この6つが思い浮かびます。これを、何人かのママたちに聞いてもらったら、フルタイムで家事も育児もがんばっている方がこうおっしゃいました。

「私は、経済的には自立しています。だけど、家事も育児も、満足にできていなくて、もっとちゃんとやらなくちゃ。もっと自立した人にならなくちゃ。と何でもひとりで

抱え込んで、しんどくなってパンクしちゃったんです。結局、夫にもまわりにもすごく迷惑をかけてしまって、自立しなきゃと思ってがんばればがんばるほど、自立から遠ざかっていたように思います。

家族の本当に幸せなカタチを創っていくためには、自分ひとりが抱え込んでがんばるのではなく、できないことはできないと素直にみとめ、夫や子ども、まわりの知り合いに、頼ったり甘えたりしながら、〝お互いさま〟の関係性を創ることができている人こそ、自立していると言えると思います」

このお話を聞かせてもらったとき、私はハッとしました。このママはきっと自分が壊れるまでひとりでがんばってきたんでしょうね。ほんとうにしんどかったんだと思います。でも、その背景には、「自立した人」=「自分のことは自分でできる人」という、私たちに知らない間に沁みついている定義があるのではないかと気がついたのです。

自立した人になってほしい。と言うママに、例えばどんなことですか?と聞くと、「自分のことが自分でできる人」と答えるママが多いです。だから、子どもにも「自分でしなさい。できるでしょ!」とついつい言ってしまいます。

2~3歳の子どもたちは、自分でやりたい。でも、ママに甘えたい。そんな相反する感情の中でいつも揺れています。何でも自分でしたい！　と自立への階段をのぼり始めると同時に、自立することで今まですべてが一緒だったママと離れてしまうのがさみしくて、不安で、少し逆戻りしてはママに甘え、できることを「できない～ママやって～」と甘えて、ママとの心の距離感を試します。自分の中で安心する場所を見つけながら、自分ができることが増えていくと同時に、さらに自立の階段をのぼっていきます。ですので、「できない～ママやって～」の甘えは次の自立のステップへの準備期間なんですね。それを、自立した人になってほしいからといって、「自分でしなさい！自分でできるでしょ！」と突き放すことは、皮肉なことに、自立の階段をのぼるどころか、さらにおろしてしまうことになります。

実際に、「ママやって～」と甘えてくる子どもに「自分でしなさい！」と言って、すんなりやる子はいるのでしょうか？　ほとんどの子どもが、「イヤだ～～‼　ママがやって～」とさらにグズグズ言いだす場合がほとんどです。ここで、子どもの甘えたい気持ちによりそうことができたら、子どもは安心して次のステップをのぼり始めます。

何かあっても心が帰る場所がある。それをママの中に求めていて確認しているのだ

自立へのステップ

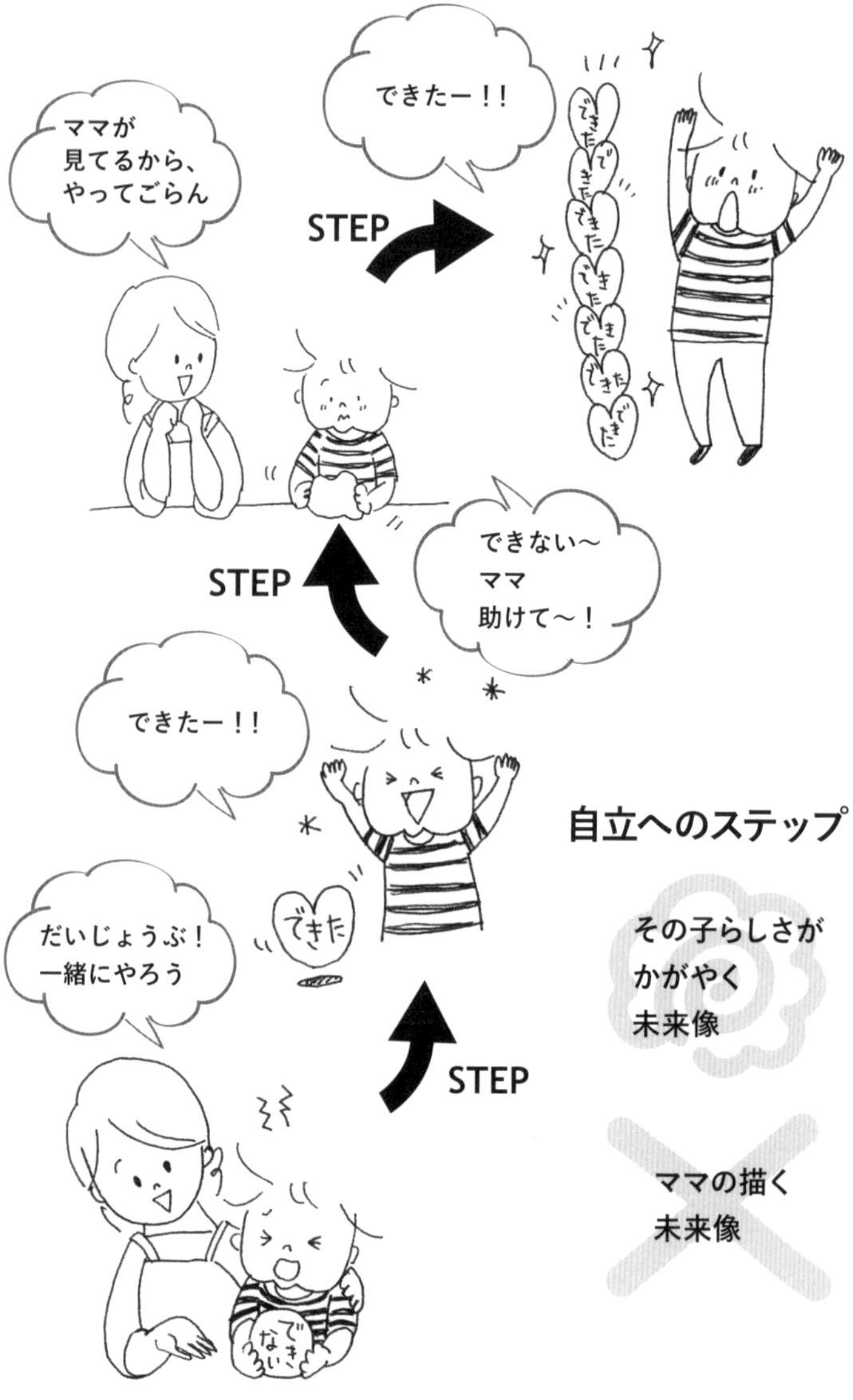
だいじょうぶ！一緒にやろう
できない
STEP
できた
できたー！！
できない～ママ助けて～！
STEP
ママが見てるから、やってごらん
STEP
できたー！！
できた
自立へのステップ
その子らしさがかがやく未来像
ママの描く未来像

と思います。自分でできることが増えれば増えるほど、ママに手伝ってもらうことは減るし、物理的に自然と距離ができます。そんな時期だからこそ、心の距離は近くにあることを、一緒に確認してあげることがとっても大切です。

何でも自分でできることが自立ではない

小学校の先生に聞いた話では、机と机の間の通路に消しゴムが落ちていて、「そこに消しゴムが落ちてるよ」と子どもたちに言うと、ちらっと見て「自分のではありません」と、自分のものではない消しゴムは拾おうとしないのだそうです。自分の手の届くところに落ちているのなら、拾って持ち主に渡してあげたらいいと思いますが、「ほら、これは誰が使ったの？」「自分のだしたものは自分で片づけなさい」と言われ続けていたら、こうなってしまうのも仕方ないのかもしれません。

お話をしてくれたママは、自分ひとりですべてのことを抱えこみすぎて、甘えられるところがあるにも関わらず、そこに気づけないほどがんばりすぎていたのでしょうね。忙しさに追われがちなママにとって、これはめずらしいことではありません。これから育っていく子どもたちには、何でも自分でできることがすばらしいのではないよ、って伝えていきたいし、ママたちには、もっとまわりに頼っていいんだよ、って伝えていきたいと思っています。そして、大人の私たちも、本当の自立をめざして成長していけたら素敵ですね。

ママたちがのぞむ人物像のトップ3をまとめてみると…

自分の好きなことを見つけ自分の幸せを知り、自分の大切なまわりの人の幸せを創りだせる思いやりのある人になるために、できないことを素直にみとめ、ときには人に頼り、甘え、助けてもらいながら、感謝の気持ちを言葉で伝え、好きなことを楽しみながら人生を送る人になってほしい――。

そんな憧れの人物像が見えてきますね。こうやってあらためて文字にして読むと理想を並べたきれいごとのような感じですが、子どもと一緒にキッチンに立ち、子どもと一緒にお料理をすれば、このきれいごとが日常の中で育っていくのです。

第2章

子育ては「よりそう」だけでうまくいく！

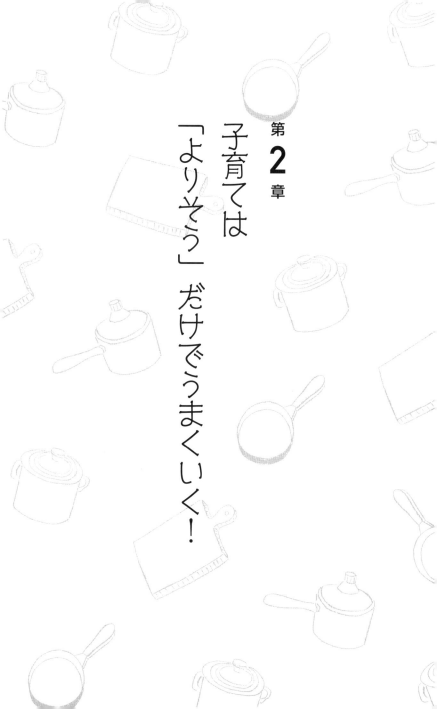

子どもを「結果」ばかりで見ていませんか？

「ママ～！　昨日のテストが戻ってきたよ～。98点だった～」と、子どもが元気に帰ってきました。あなたは、どんな声をかけますか？

「すごいね！」でしょうか？　それとも……、

「あと2点じゃない！　おしかったね！」でしょうか？

自分の結果に納得している子どもは、「ママにほめてほしい」と思っているかもしれませんし、納得していない子どもは「なぐさめてほしい」と思っているかもしれません。どちらにしても、98点という「結果」をどう受け止めるかは子ども次第で、ママがほめたり、残念がったりすることではありません。

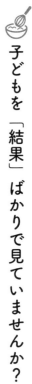

大切にしたいのは、「子どもが98点をとったことに対して何を感じているか」、その気持ちによりそうことで、「ママが98点をどう感じるか？」ではないのです。

子どもは、本能的に成長するために毎日いろんなことに、全力でチャレンジしています。そのがんばりを信じて見守ることこそが、私たち親の役割です。親が望む「よい結果」（テストでよい点数をとるなど）をほめるのではなく、子どもが、子どもの望む「結果」を手に入れるために、どんなことにチャレンジし、どんなことを感じているか……こそが、大事なのです。

どんな小さいチャレンジにも、チャレンジ前・チャレンジ中・チャレンジしたあと、そして結果、という流れの中の瞬間瞬間に、子どもなりに感じていることがあります。それら、ひとつひとつのプロセス（感情の動き）をしっかり子どもと共感することで、子どもは、ママがいちばんの理解者であることを感じ、勇気づけられます。

失敗しても、成功しても、子どもが望む結果が手に入っても、入らなくても……うれしくても、悲しくても、悔しくても、「ママはいつもいちばんの自分の理解者である」ということが子どもの心に根づいていること。これが達成されてはじめて、自分からやりたいこと、チャレンジしたいことを見つけだし、どんな結果も受け止めながら楽しんで成長していく力を身につけていくのだと思います。私は、それこそがこれからの時代に必要とされる「生きる力」だと思っています。

子どもの気持ちによりそうということ

子どもが、子ども自身の未来を、自分の力で切り開いていく「生きる力」を育てるために、私たち親は、子どもの行動とともにうまれる感情の動き＝プロセスを、子どもと共感することを大切にしたいと思うのです。

では、この場合はどうでしょう？

「ママ〜！　今日は、かけっこで1等賞だった〜」と子どもが言ったら、あなたは、「すごいね！」と言いますか？
「よくがんばったね！」と言いますか？

「1等賞」という結果は素晴らしいし、子どももママもうれしいのは同じです。でも、少しだけ考えてみてください。
「1等賞だった〜」と言った子どもはいったい何を感じているのでしょうか。

・1等賞をとれたことがうれしかった？

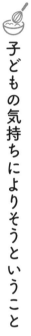

・1等賞という結果よりも、何度走っても勝てなかったお友達に勝てたことがうれしかったかも……（結果1等賞だっただけ）？
・いつもうまくできなかったスタートが、気持ちよくできたからかも……？

子どもの言葉だけをとれば「1等賞がうれしかった」ように聞きとれますが、きっとそのときにいろいろなことがあって、そして、いろいろな感情がうまれているはずです。「1等賞」という結果だけを見るのではなく、何を感じているか、どうがんばってきたかを、ぜひ、聞いてあげてほしいと思います。

「ママ〜！　今日は、かけっこで一等賞だった〜」

「え〜〜！　1等賞だったの‼　おめでとう‼　どんな気持ち？」

「すごく、いい気持ち！　うれしいよ！　だって、1等賞はじめてだもん！」

「はじめてだから、うれしいのね！　はじめてって特別だね！　ママもうれしいよ。

ほかにはどんな気持ち？」

「テープを切ったときがすごく気持ちよかった！」

「そうなんだ！　テープを切れるのは、1等賞だけだものね！　ほかにはどんな気持ちがある？」

「う〜ん……あ！　そうそう！　クラスでいちばん早い○○くんもいて、その子にも勝てたんだ！　でも、スタートはあまりうまくできなくて残念だったんだぁ」

私たちは、ひとつのできごとに対して、ひとつの「結果」や「答え」「感情」があると思い込んでいますが、実際は違います。子どもの1等賞の例だけを見ても、子どもには子どもなりのチャレンジやがんばり、そこで感じているいろいろな気持ちや感情があるんですね。

「1等賞」↓「はじめてでうれしい」「テープを切ったのが気持ちよかった」「友達に勝てた」「スタートはうまくいかなかった」――子どもが「何か行動をする」ことで感じる気持ちや、うまれる感情は、ひとつではありません。そのひとつひとつをしっかりと子どもから引きだし、言葉にし、受け止め、よりそう。そうすることで、子ども自身も自分の気持ちをしっかり感じとることができるようになるし、何より、大好きなママが自分の気持ちによりそってくれることは、子どもの自信と勇気につながります。そんなママな日常の積み重ねが、子どもの次のチャレンジ、次の成長へとつながっていくのです。

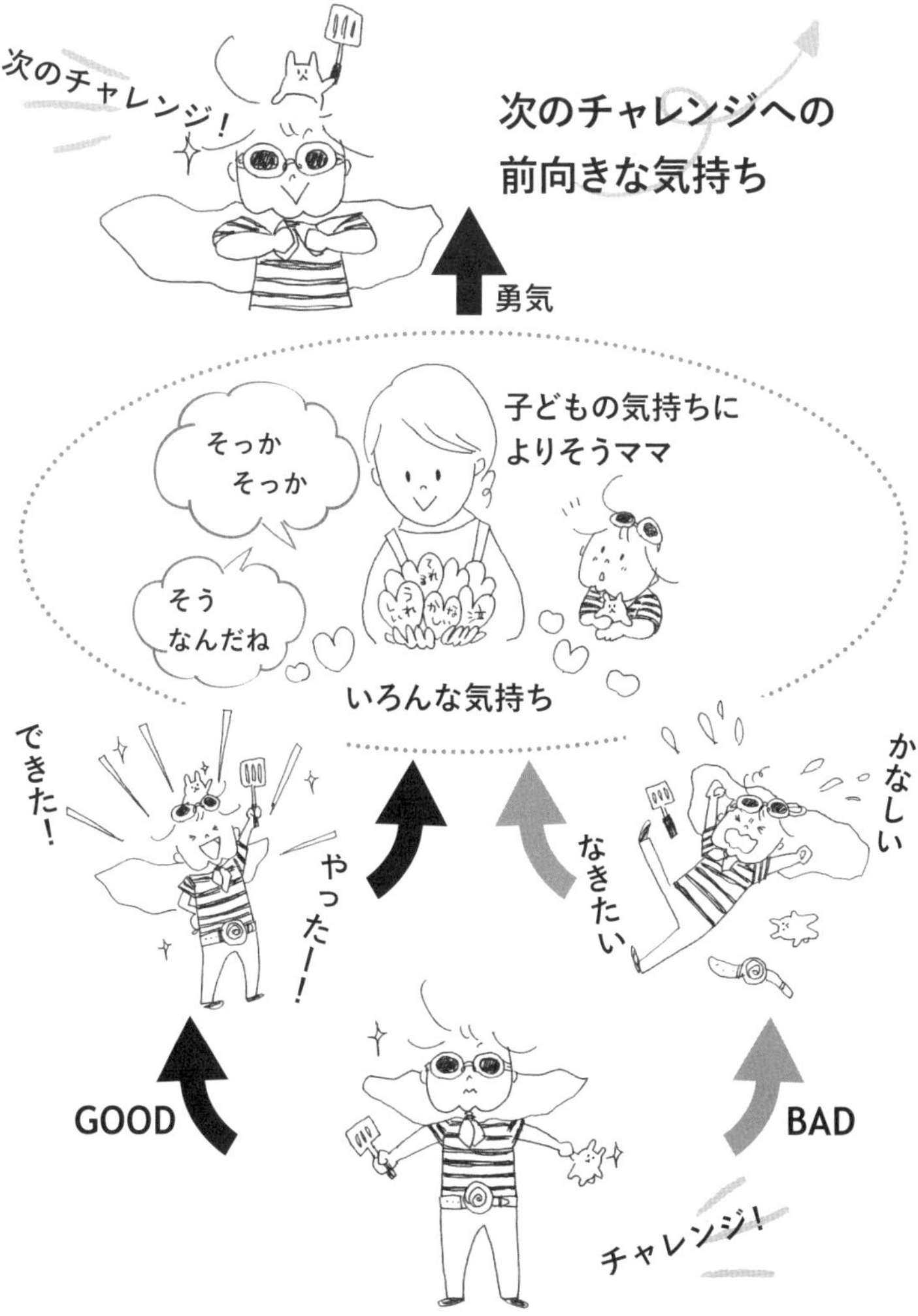
次のチャレンジ！
次のチャレンジへの
前向きな気持ち
勇気
子どもの気持ちに
よりそうママ
そっか
そっか
そう
なんだね
いろんな気持ち
できた！
やったー！
なきたい
かなしい
GOOD
BAD
チャレンジ！

小さな子どもの気持ちによりそうには？

では、テストや、かけっこの機会がない年少さん以下の子どもたちでは、どうでしょう。どうやって行動にともなってでてくるいろいろな気持ちや感情を、ママが受け止め、よりそう機会を創ればいいのでしょうか？

私は「一緒にお料理をする」のが、とてもいいのではないかと考えています。特別な道具や教材もいらない。どこかにでかけなくてもいい。おうちでいつでもできるのが「料理」です。

ゴールは家族でおいしいねーって食べること。そこに、点数や順位はありません。一緒にゆで玉子の殻をむいたり、きのこをさいたり。小さな子どもでもできることがたくさんあり、一緒に楽しみながら子どもの成長を見守ることができるのです。

上手にできても、できなくてもいい。大切なのは「結果」ではなく、楽しみながら最後までやりきること。その過程を共有し、その瞬間瞬間でわいてくる感覚や気持ちを受け止めること。料理は点数や順位がないからこそ、ママも求めすぎず見守れる、とてもよい機会です。

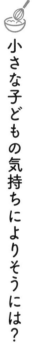

そして、小さい子はまだまだ、自分の中でどんな感情がうまれてきているのかが、あまりはっきりと認識できません。感覚で感じてはいるのですが、それが、うれしいとか、悲しいとか、私たちが使っているような言葉でカテゴリー分けができないのです。「よろこび」「うれしさ」「くやしさ」「かなしみ」……たくさんの感情と出合いながら、そのたびに自分の中にうまれる感性を育んでいるのです。小さな子どもにとって、感情との出合いは発見の連続。まだ言葉にして表現できないけど、発見するたびに、ママの顔を見て確認します。

はじめて生卵を割ってみた。コンコン…と机で卵をたたいていると、クシャっとヒビの入る音がする。「あ！」……、子どもはママの顔を見ます。そして、力加減をしながらそっとそっと割り始めると、にゅるっと白身がでてきます。「あ！」子どもは、またママの顔を見ます。そして、指先に力をこめて全身集中をして、パカっと卵を割り、つるんと白身と黄身が器に入る！　そこで、またママの顔を見ます。大人の私たちにとってはあたり前に起きていることも、小さな子どもが出合う世界は、すべてが発見の連続で、そのたびに「ママ！　見て！」「ママ！　ほら！」と、ママを見てひとつひとつを確認しているのです。子どもが何かを感じ、発見するときは、必ずと言っていいほどママの顔を見ます。「あら？」「どうしたのかな？」「できたね！」と同じ目線でママが見守ってくれていると、子どもはママと一緒に自分の中で感じていることを確認するように受け止め、子どもの感情の動きによりそってくれるママとの間に絆がうまれていきます。

　子どもにとって、日常のできごとの中で起きていることをママと一緒に共有できる。そして、自分が感じていることを否定せずそのまま受け止め、共感してくれる。ママと一緒にキッチンに立つお料理の時間が、とっても居心地のいい楽しいところになること間違いなしです。ママはいつだって自分のことをわかってくれる。それは、子どもの中で根拠のない自信となって、折れない心の芯となっていくことでしょう。

キッチンでの子育てはミラクルの連続

　食べてくれる人に思いをはせ、人がよろこぶ様子を見ることが、自分のよろこびとなる。できないこと、まだ怖いことは、ママに手伝ってもらいながら……。子どもにとってのゴールのある楽しい遊び＝料理は、命を創る食であって、生きることそのもこのこのなのです。

この少し先の素敵な未来像を描きながら、子どもと一緒に料理をすれば、多少のことは笑ってすませることができるし、あたたかく見守ることができるようになります。

子どもは、いつも目の前にあらわれるはじめての出合いに夢中です。ただ包丁を持って野菜を切るだけでも、やわらかかったり、かたかったり、ヌルヌルしたり、匂いがしたり……。料理をするつもりでキッチンにきたら、目の前に興味のあるほかのものがあって、ジャグを研究し続けた子のように、料理とは別のことに夢中になったりするかもしれません。いろいろとやっているうちに、子どもの思うとおりにいくこともあれば、思うとおりにいかないこともあるでしょう。そんな子どもの姿を温かく見守り、その瞬間瞬間に感じていることを言葉にしながら子どもと共有していきます。

できないことをサポートしたり、ときには励ましたりしながら、心と心の距離をちょうどいいところでバランスをとります。自分でやってごらん、とチャレンジを応援しあえて手をださないときがあったり、その分、心でしっかりよりそっていくことがあったりと、ここの絶妙な距離感を親子で一緒に創っていくことが信頼関係につながっていきます。日常にあるキッチンでお料理をすることを通して親子の絆をしっかりと育ててください。

そして、勇気をだしてチャレンジしてみたけど、失敗しちゃって自立への階段をひとつ降りてしまう子どもの気持ちをしっかりと受け止め、はげましてよりそう。ときには手をつないで階段をのぼることもあれば、自分でのぼることを心と言葉で応援するときもあるでしょう。がんばっているときも、がんばれないときも、ママはいつも自分の味方でいてくれるんだと感じることができている子どもは、たとえ失敗しても、気持ちが凹むことがあっても、また立ち上がることのできる折れない心をもつようになります。そして、勘違いしてはいけないのは、自立への階段の上にあるゴールは、その子らしさが輝く未来像であって、ママが描く未来ではないということです。

子どもの未来は親の想定内とは限らない

子ども自身が見つけて、子どもが好きになって、子どもが創っていく未来は、すべて私たち親の想定外だと、そろそろ覚悟をするときです（笑）。1回でも、我が子には、自分たち親を超えてほしい！　と思ったことがあるのなら、親の想定内、親のキャパの中で子育てをしている場合ではありません。

私たちができることは、子どもたちがのびのびと夢中になれる環境を整えてあげること。あとはそこで起きてくる子どものプロセス（71ページ参照）をまるごと受け止めるだけです。結局はとってもシンプル！　誰にでもできることなのです。

それなのに、どうして私たちママは、そんなシンプルなことができないのでしょうか？　こういうお話をすると、頭ではわかるけど、現実はそう簡単ではないのよね～と言って、自分のキャパの中で子どもを育てるスタイルへと戻ってしまいます。

じつは、「どんな人になってほしいか」の第4位は、**「まわりに迷惑をかけない人」**になってほしいという願い。そのことと関係しているのです。好きなことを思いっきりさせてあげたい！　でもまわりに迷惑をかけない範囲で……となるのです。子どもはそんな大人の都合のいい意見を聞いてくれるわけがありません（笑）。

ママたちを苦しめている「まわりに迷惑をかけないいちゃんとした人に育てなければいけない」という強迫観念は、無意識のうちに誰もがおちてしまう罠!?　我が子を愛するが故にはまりやすい罠にママたちを導いてしまいます。多くのママたちが望んでいる人物像、「まわりに迷惑をかけないいちゃんとした人」を育てようとすればするほど、アリ地獄のようにはまっていくその心の中をのぞいてみましょう。

まわりに迷惑をかけないちゃんとしたいい子は幸せになれる？

「かしこくしてね」「いい子でいてね」「ちゃんとしてね」
ママなら誰でも口にする言葉ですが……そもそも「かしこい」とはどういうこと？「いい子」の定義は？「ちゃんと」って何？

私たち大人が、抽象的で、はっきりとした定義がないものを子どもに求めても、子どもはどうしたらいいのかわからないのです。

子どもがママの言うことを聞かないのは、「ママの言っていることがわからない。どうやって言うことを聞いたらいいのかわからない」からなのです。それぞれのご家庭に、それぞれのルールがあると思います。どんなルールが正しいとか、いいとか悪いとか……ということではなく、「かしこい」「いい子」「ちゃんと」は、子どもにとってはよくわからない言葉なのです。

そして、大人が言う「いい子」とはどんな子でしょうか？　それは、ほとんどの場合「大人の思うとおりの行動をとる子」です。
「あいさつのできる子」

「お友達と仲良くできる子」
「順番を守れる子」
「静かに待てる子」

小さい子に求めすぎじゃない？　と思いませんか？

頭ではわかっているのです。なのに、ついつい多くを求めてしまう……それは、親として子どもを**「ちゃんとしたいい子にと育てなきゃ！」**という責任感からくるものもあるでしょう。しかし、頭でわかっている矛盾を子どもに押しつけてしまうところに、違和感をもっている人も多いと思います。

「もっと、のびのびと育てたい」「少しくらいやんちゃで、友達と喧嘩してもそこから学べることもあるはず」「あいさつなんて、そのうちできるようになるよね」

心のどこかで、そう思っているのに、

「あいさつしなさい！」「ケンカしないで！」……と、気がつけば、子どもの行動をいちいち正そうとしてしまいます。

そして、「まわりに迷惑をかけない」というのは、大人にとってもとても難易度の高いテーマです。自分はそのつもりはなくても、結果的に迷惑をかけてしまったり、人を傷つけてしまうこともあります。完璧な人間はいないのに、完璧に育てようとしているのです。大切なのは、まわりに迷惑をかけないことではなく、迷惑をかけてしまったときに、自分のやったことを素直にみとめ謝れる、そして行動をあらためることです。人はそのくり返しで成長していくのです。それなのに、「まわりに迷惑をかけてはいけません」と、これまた抽象的ではっきりした定義のないものを基準にして子どもに理想を押しつけています。

そのママの心には、親として子どもを「きちんと」育てなきゃ、というよりも、人から見て**「親として子どもを『きちんと』育てているちゃんとしたママに見られたい！」**という心理が働いていることが多いのです。子どものため、という仮面をかぶって、自分が「いい親」だと評価されたいのです。

誰だって「ちゃんとした、いいママ」に見られたい

子どもが、その子らしく、その子の個性を活かして人生を自ら切り開いていく。そこにうまれるのは子ども自身の失敗や成功による成長。子どもの「生きる力」そのものです。

それを、自分が他人から「きちんと子育てしているね」と評価されるために、子ど

もを叱ったり、制限したりしているとしたら、それはもう、子どもの人生を他人から評価を得るために利用していることになってしまうのです。つまり、子どもの人生の横取りです。

子どもの人生を利用しているなんて‼　そんなつもりはない‼　と、腹が立つかもしれません。

でも、少し思いだしてみてほしいのです。もし、人目がなかったら、ほかのママがいなかったら、お姑さんの目がなかったら、そこまで怒ることなかったかも……。お友達とのいざこざが始まったとき、もう少し子ども同士でどうするのか見守っていたいのに、相手のママの顔色を見て口だししてしまったり、悪くない我が子を怒ったり、譲ることを無理強いしたことはありませんか？

おばあちゃんの家でごはんを食べているとき、家では許していることを口うるさく注意したことはありませんか？

大切なことは、ママがどう見られるか？　ではなくて、子どもがその子らしく、その子の個性を活かして、人生を自ら切り開いていく「生きる力」を身につける環境とチャンスを得られるか、ということです。そのためには、そこで起きることは、どんなことでもママが全部受け止める覚悟をする、ということです。

覚悟と言うと、少し大げさかもしれませんが、前にも書いたように、親である以上、子どもの行動ひとつひとつに、無意識に期待を重ねてしまったり、親の思うよい結果を求めてしまうのが普通です。期待をもってはいけないということではなく、期待は期待としてママの胸の中にそっとしまっておく、そして、子どもがどんなチャレンジをし、どんな失敗や成功をするのか……、71ページの図のように、プロセスの中で起きることをそのまま受け止めることを意識してください。

そして、子どもの幸せを心から願うのなら、子どもが自分で幸せをつかみとるチカラを育ててあげてください。他人の目を気にして、自分の言いたいことも言えず、やりたいこともやれない……大人が思う「迷惑をかけないいちゃんとしたいい子」が自分のチカラで幸せになれるかどうかを、考えてみてください。


そうすれば、「覚悟」というちょっと大げさな感じよりも、大きな心で子どものすることをあたたかく見守れるようになれます。そうなったら、もう、人目を気にして子どもの人生を乗っ取るママからは卒業です！

そしてママは、子どもの人生を生きるのではなく、ママ、あなた自身の人生を見つめ生きていけるようになります。「だって子どもが……」そんな言い訳をしなくてよくなります。

自分の人生を活き活きと楽しむママを見て育つ子どもは、「生きるって楽しいんだ」「大人って楽しそう！」ということを感じながら成長できる。こんなに素晴らしい環境はほかにはないと思いませんか？

column

「お手本どおりにさせなくてもいいんですね」
(参加ママからのメッセージ)

はじめて「こどもカフェ」に参加したとき、今まで私の肩に重くのしかかっていたのは何だったの？　と思いました。

子どもを産んで、毎日子育てする中で「ちゃんとさせなきゃ」「人に迷惑をかけちゃいけない」「言うことを聞かせなきゃ」と、必死だったんです。だから、子どものやることをいちいちチェックして、あーでもない、こーでもないと、口だし手だししては、子どもと言い合いになってしまって……。ほんとうは、もっと自由に、もっとやりたいようにさせてあげたい。と思っていたにも関わらず、気がつけばまわりの目が気になって、私がほんとうに子どもにさせてあげたかったことができずに、イライラした日々を過ごしていました。見えない人目のプレッシャーに押しつぶされそうでした。

でも、「こどもカフェ」に参加して、先生のお話を聞いていると、やりたくなかったらお料理をしなくてもいい⁉　お手本どおりにしなくても、子どもの自由にさせてもいい⁉　……衝撃的でした。そして、思いだしたんです。そうだ！　私、こんな風に子どもをのびのびと育てたかったんだ！　って。

コラム

食いしん坊の我が子は、そのときのメニューだった巻きずしのすし飯の味見が止まらず、おすしを巻くころには、半分以上食べてしまっていました。先に食べちゃうと、いただきますのときになくなるよ！　と声をかけたものの、大好きな寿司めしは次々と娘のお腹に（笑）。それでも、無理やりそれをやめさせるわけでもなく、「好きにさせてあげてね」と先生に言われ、見守っていられました。

いざ、食べるときになると、まわりの友達よりも、お寿司が少なくて、娘は泣きだしてしまいました。先生も、まわりのママたちも、「さっき、自分で食べてたよ～」と明るく笑ってくれました。ちゃんとさせなきゃ！　お手本どおりにさせなきゃ！　と思っていたら、私はきっと恥ずかしくて「だから、食べすぎちゃいけないって言ったでしょ！」と怒っていたと思いますが、子どものやりたいようにさせていいという「こどもカフェ」の場では、肩の力がぬけて、一緒に笑うことができ「子育てって楽しい！」と心から思えたのです。

その後も、つまみ食いや味見が止まらないことは続きましたが、成長とともに、「先にたくさん食べすぎると、あとでなくなるよ～！」と小さい子どもたちに教えるほどに（笑）。いやいや、あなたがそれを言う？　と先生と大笑いしたこともあります。そんな食いしん坊の娘も小学生。のびのびとやりたいことを楽しみながら成長しています。

第3章

「ほめて伸ばす子育て」で、子どもは本当に伸びるの？

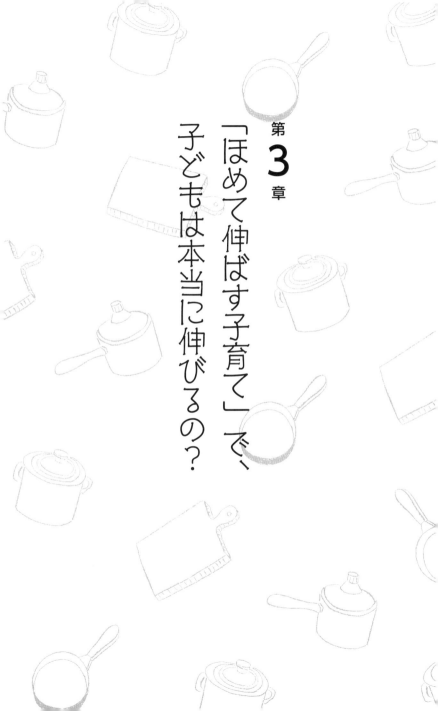

ほめているつもりが、脅してる？

「子どもはほめて育てるといい」という言葉は、ママなら誰でも聞いたことがあると思います。ですが、この「ほめて伸ばす子育て」には、気をつけてほしい危険がかくれています。

子どもがはじめて自分ひとりで立ち、そのたよりない歩みで、一歩一歩と踏みだしたとき、私たちは、心からうれしくて、よろこびをあふれさせ、「上手！　上手！　いっちに、いっちに、すごいね〜」と手をたたきます。歩きだした子ども本人よりも、私たち親の方がよろこんでいるくらいですよね。そんな親の姿を見て、子どもはよろこび、自分でも手をたたいて、ニコニコと笑います。よろこびを一緒に感じることでますます幸せを感じるかけがえのない時間です。

1歳前後は、できることが一気に増えてくる時期なので、毎日がよろこびと発見の連続。親が手を叩いてよろこべば、子どもも一緒になってよろこび、どんどんできることが増えてきます。「すごい！　すごい！」と自分でもよろこんで手をたたく子どもの姿は本当に可愛いですね。

子どもの成長を心からうれしく思う、私たち親の素直な気持ちからでてくる「すごいね〜上手だね〜」の言葉は、愛情表現そのものなのですが……、子どもがそう言う親の姿を見て、よろこんで、次々といろんなことに夢中になっていくのを見ると、私たちには哀しいかな「下心」が芽生えてきます。ほめておだてれば、子どもはがんばる　という下心が見え隠れし始めるのです。

「お手伝いができてかしこいね〜」の下心は、（あなたはかしこいからお手伝いをするよね？）ということだし、

「いい子ね〜。いい子だから早く寝ようね〜」の下心は、（あなたはいい子だから、早く寝なさい）ということ。こうなってしまっては、ほめているのか、脅しているのかわかりません（笑）。

下心たっぷりの「ほめ言葉」はバレています

「こどもカフェ」では、「ママは上手上手！　とほめすぎないでください」というルールがあります。みなさん、驚かれますが「ほめる」ときに自分に下心があるかどうかと尋ねると、みなさん苦笑い……。そして、理由を説明すると、なるほど〜と納得さ

れます。

その理由とは……、「すごい！　かしこい！　上手！」という便利な言葉を乱用し、子どもをおだてて調子にのせ、コントロールしようとしたら、その時点で子どもは親の下心を見抜き、言うことを聞かなくなる、ということです。

まだ、2～3歳の子どもには通用しますが、4歳を過ぎるころから、「すごい！　かしこい！　上手！」という言葉の中にある下心はバレてしまって、通用しなくなります。もう、こちらの下心はすっかり見透かされているのです……。1歳を過ぎたころは、あんなに純粋に「ほめる」ことができた私たちも、やってほしくないこともやりたい放題になってくる2歳ごろから、どうにかして、怒らずにスムーズに子どもをコントロールしたくなり、ほめることでどんどんできることが増えてきた1歳ころの成功体験を利用してしまうのです。


さらに、子どもが何かにチャレンジしてできるようになったら、「すごい！　5歳でこんなことができるなんて、すごいよ！　これもやってみたら?」と、次々とけしかけてしまいます。しかし、けしかけられたほとんどの場合、子どもは次のチャレンジをすることはありません。なぜなら、うまくいかなかったらママには「すごい！」って言ってもらえないからです。人の好奇心やチャレンジは、自分の内側からわきでてくるものであって、まわりにおだてられて、その気にさせる言葉をあびせられてわいてくるものではありません。その上、しむけられたチャレンジをもし失敗したら、ママをがっかりさせてしまうことも、子どもは察知しています。そうなると、できそうなことだけやってママによろこんでもらったり、ほめてもらうことを目的にするようになるし、その後も、ほめてくれる人がいるときしかがんばらない子になってしまうかもしれません。

もし、あなたのまわりに、下心をもち、うまくあなたを動かそうと、お世辞ばかりを言ってくる人がいたら、その人のことを信頼しますか？　何か、うさんくさいと思ってしまいますよね（笑）。

そして、「上手にできたね〜」は、裏返せば「下手はだめだよ〜」の刷り込みになります。

子どもが何かをする

↓

「上手にできたね」

↓

上手にできたとほめてもらえた！

↓

上手にできなければほめてくれない！

↓

難しそう、失敗してしまいそう…
上手にできなかったらママにほめてもらえないから、
チャレンジするのをやめよう……。

このように、子どもの心は「やってみたい」という好奇心よりも「上手に作ること」「評価されること」を優先するようになり、「ほめてくれる人」がいないところでは、がんばれない、チャレンジできないようになってしまいます。私たち親からすれば、どんなことにでも好奇心をもってチャレンジするような人になってほしいと願っているのに、ほめるのがいいという安易な「子育て論」にのっかってしまうと、よかれと思ってほめちぎることが逆効果になりかねないのです。

私の息子に対するイタイ声がけ……

我が家の長男が、年中さんのころです。私は、子どもはほめて育てるのがいい、という子育て論にのっかっていました。保育園から絵を持って帰ってきて私に見せた息子に対して「すごい～！　とっても上手だね～～」と何を描いているのかもわからない落書きのような絵を見て、上っ面な言葉をかけました。そしたら、息子は……「こんなもの、上手じゃない!!」とひどく怒って拗ねてしまったのです。

きっと、本人はその絵に対して納得できずにいたのでしょう。それなのに、私はそんな彼の気持ちはお構いなし。「そんなことないよ！　上手だよ～」といい続けましたが、彼はもう私の言葉を聞こうともしませんでした。

今ならわかります。もっと息子をしっかりと観察してから言葉をかければよかったと……。

「絵を描いてきたの？　へぇ～、何を描いたの？」
「どんなことを思って描いたの？」
「いつ描いたの？　教室？　園庭？」

「どうして、この色なの？」

たくさんの質問を投げかけて、息子がどんな思いで何を描いて、何を表現しようとしているのか？　そして、できあがった絵に対してどんなことを感じているのか？

そのひとつひとつによりそうことが大切だったのに。

私は「すご～い！　上手に描けてるね～」という一言で片づけようとしてしまったのです。もしかしたら、息子は、思う通りに描けなくて悔しかったのかもしれない。使いたいクレヨンの色がなくて、仕方なしに選んだ色だったのかもしれない。本当は、もっとたくさん描きたかったのに時間がなくなってしまって、途中だったのかもしれない。きっと、きっと、一枚の絵の背景にたくさんの想いがあったのだと思います。

今さら、悔やんでも仕方のないことですが、もし、このときにこの絵と息子の気持ちによりそっていれば、息子はもっと絵や自分の心と向き合って、描くことが好きになっていたかもしれないな～と思います（実際、その後、絵を自ら好んで描くことはありませんでした）。

子どもがママに求めているものって何？

ほめることの弊害は、わかりました。じゃあ、何と言って声をかけたらいいのですか？　そんなママの声が聞こえてきそうです。いつも、私がママたちに伝えているのは、

「子どもはね。ほめてほしいのではなく、見ていてほしいんですよ」

ということです。

自分のことを、いつも見守ってくれている。それが子どもたちの勇気ややる気のあと押しになるのです。うまくいったときも、失敗したときも、ママに見ていてほしいのです。そして、そのときに湧いてくる感情によりそってほしいのです。うまくいったときはほめてもらえるけど、失敗したときに置き去りにされたら、またがんばろう！とは思えませんよね。どんなときもママは自分の味方なんだって思えることが何よりのパワーとなるのです。（71ページの図を、もう1回見てみてください）

ですから、「こどもカフェ」は練習の場です。

小さい子どもが、一生懸命に全神経を集中してきゅうりを切っていると、その頼りない小さな手は不安定だし、あぶなっかしいのですが、最後まで切り終えたころには、もうママはホッと胸をなでおろし深呼吸をするくらい、緊張しています。そうして、子どもも一旦、集中は終わり、ふとママを見上げます。きゅうりは、形が不ぞろいだったり、きちんと切れていなくてつながっていたりしますが、ママは笑顔で、「全部、ひとりで切れたね」って言うのです。

決して、形がそろっていないからダメだ！　とか、ほら、つながってるでしょ、なんて言いません。もちろん「上手に切れたね〜」とも言いません。形がそろっていたとしても、そんなことより、めいっぱい集中して、最後まできゅうりを切った子どもの達成感によりそうことが何よりも大切なのです。できばえはどうでもいいし、そこに「上手にできたね」はいりません。

「がんばったね」「どうだった？　きゅうりは固かった？」「ママ、ドキドキしたけどひとりでがんばる姿を見れてうれしい」そんな言葉をかけることができたら、子どもも大満足です。

「ほめる」言葉はよい言葉。「ほめて伸ばす子育てはよい子育て法」だという思い込みが、子どもにとってほんとうに必要な声がけをあやふやにしてしまい、「ほめる子育て」が「おだてる子育て」になっていて、子どもをコントロールしようとする下心をもってしまっているとしたら、口で、せっかくいい言葉を発しているのに、子どもに届かなくなってしまう。それは、とても残念なことです。私は、「子どもは、ほめずに認めましょう」「子どもは、ほめてほしいのではなく、見ていてほしいのです」と、くり返し伝えています。

これが身につくと、子どもがもう少し大きくなって小学生くらいになったときに、多くのママが言うように「うちの子、ほめるところなんて、何もない！」と嘆かずに済みます。

だって、「上手」「すごい」と評価しなくても、できていることをみとめる。そのためには子どもをしっかりと観察して「宿題終わったんだね」「今日は、自分で早く起きてきたんだね」と、見ているからこそ伝えられる、今できていることへのフィードバックで、子どもは「ママが見てくれてる！」という安心感をもてるのですから、ほめるより簡単だと思いませんか？

料理からもらった子育てのヒント

10年前、「こどもカフェ」をオープンしたとき、長男は8歳で次男は3歳でした。そのころは、将来訪れるはずであろう、思春期のことも想像がつかず、ただ目の前の生活と時間に追われ、その中でも、息子たちと一緒に料理する機会をなるべく大切にしたいと思って過ごしていました。忙しい毎日で、「おか～さ～ん！」と呼ばれては、「ちょっと待って」「あとにして」ばかりだった私ですが「お料理をしたい」という子どもたちの要望だけは、なるべく断らずにいようと、そこだけは死守してきたつもりです。そして、横に並んでキッチンに立つことで、たくさんの宝物をもらいました。

小学校も高学年になると、親子の会話は「業務連絡」が一日の大半をしめます。「起きなさい」「準備しなさい」「歯を磨きなさい」「早く行きなさい」「ごはん食べなさい」「手を洗いなさい」「宿題しなさい」……朝から晩までキリがありません。

それを素直に聞き入れる年齢でもなくなってきて、いちいちバトルです（笑）。

「わかってる」

「わかってるんならすぐにしなさい」

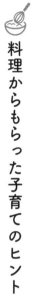

そんな感じです（笑）。親子のコミュニケーションなんて、ないに等しい……。

そんな中、私と息子の間では、一緒に料理をしているときがコミュニケーションの時間でした。横に並んで「ごはんを作る」という同じ目的にむかって協力し合う場。自然にお互いをフォローし合う動きになるし、これやって、あれとって、ありがとう。なんて、流れるようなやりとりがあります。それは、「宿題しなさい！」「わかってるわ！　今からやろうと思ってたのに！」という会話とはまったく違う。まさに「分かち合い」の時間でした。コミュニケーションの意義については、第7章で改めて考察しています。

そんな時間がお互い心地よかったのでしょうか？　料理をしながらいろんな話をしました。改めて思いだすことのできないような他愛もない内容ですが、そんな日常が積み重なり私たちの宝物になっていったのです。

そして、中学生になり、マニュアル通りの中二病。顔を合わせれば、怒鳴り合い・罵り合いの毎日を過ごしましたが、時々、キッチンに入ってきて並んで料理をする長男は、そこで何気ない話をし、ときには本音をもらしていました。

10年前、子どもが思春期になったときに、一緒にキッチンに立てたらいいな〜なんて、これっぽっちも思っていなかったのに、このときほど、「一緒に料理をする」ことに助けられたと実感したことはありません。だって、やりにくい思春期にさしかかり、中二病になってから、急に「一緒に料理しよう」なんて誘ったところで、「手伝わそうとして、うるさいな～」と言われるのがオチ。小さいころからの積み重ねがあってこその思春期だと思いました。

我が家にとって、料理は、ただ単にごはんを作る作業ではなく、親子のコミュニケーションの時間として、とても大切なものです。次男もそろそろ思春期に入ります。長男のような激しさはもち合わせない子ですが、いったいどうなるのか……度胸のついた私は、今、楽しみで仕方ありません。

「ほめる」というのは、どうしても上下関係がうまれてきます。「ほめる」こと自体が上から目線。ほめられることをよろこびとし、結果を評価する親の顔色を見る子どもは、人の評価を気にして自分の好きなことにのびのびチャレンジすることよりも、評価を得るために行動をするようになります。それは、親も子どもも望んでいないことですよね……。

料理教室で見た、ママと子どもが変わるとき

小さい子どもはいつだってチャレンジャーです。ママの心配なんてまったく気にせず、危険なことほどやりたがります。階段の数段上から「ママ！　見て見て！」と言って、飛び降りて見せる。「ほら見て！　ママ、見て！」と高いジャングルジムのてっぺんからママを呼ぶ。ママがチャレンジしなさい！　なんて言わなくても、人としての成長の欲求が子どもの内側からチャレンジをさせるのです。

だけど、それを見ていたらひやひやすることばかり……。特に男の子のママは、心臓がいくつあっても足りないわ!!　なんてよく言います。

だから、ついつい声をかけてしまうのです。けがをさせたら大変！　痛い思いをさせたくない……「危ないよ」「気をつけて」「もっとゆっくりね」……。

「こどもカフェ」では、2歳の子どもでも、本物の包丁にチャレンジしたり、フライパンで炒めものをしたりと、危ないことにもチャレンジします。ふと、客観的に見ると、まだ言葉もおぼつかない、オムツもとれていないような小さな子が、真剣に包丁

を使って野菜を切っているのですから、なんだか変だな〜と感じるときもあります。でも、小さいから難しい、小さいからまだ。というのは、大人の勝手な思い込みで、言葉がそんなに話せなくても、きちんと聞くことができなくても、子どもは見て真似っこすることで、お料理ができるのです。お料理だけではありません。言葉、行動、すべてが真似っこから始まる子どもにとって、環境さえ工夫すれば、できないことはほとんどありません。

「こどもカフェ」にはじめて参加するママは、もうドキドキです。先生のお話を聞けるかな？　暴れて他の子に迷惑をかけるんじゃないか？　おうちではやりたがるけど、人見知りだし、いざとなったらやらないんじゃないかな？　たくさんの期待と不安で胸がいっぱいです。そして、小さな子どもたちは、そんなママたちの期待をいい意味であっさりと裏切るのです。じっと集中して、先生の手元を見て、そっくりそのまま真似をします。何かガサガサしていて、聞いていないかと思いきや、その場になったら先生のお手本通りにお料理を進めたりして、ママが「え？　聞いていたの？」とびっくりすることも珍しくはありません。

「こどもカフェ」の一番目の難関といわれる「ママの手だし口だし禁止」というお約束のもと、ママたちは「じっとしなさい」「先生の話を聞きなさい」「ちゃんと見ていなさい」などと言うことができません（笑）。ただひたすら子どもを見守るのみ。思わず、口をだしてしまうと、私に注意されてしまいます（笑）。これはもう、参加者側からすると修行だとみなさんおっしゃいます。それでも、手だし口だしせずに、子どもを信じて見守っていると、子どもはしっかりとがんばります。それはなぜでしょうか……？

「ほら！　言ったでしょ！」は、NGワードです。

「信じて見守れば、子どもは自分で育つ」

横から口をだしたり、手をだしたりせずに、ただ子どもを信じて委ねて見守る。そうすることで、ママができないと思っていたことに子どもたちはどんどんチャレンジするし、できたときの何とも言えないドヤ顔。ママの驚きと感動。毎回が奇跡の連続です。手だし口だしをせずに見守ることで、子どもが自分でやりきる環境を創っていくことの大切さを知り、そこにうまれる感動をママ自身が体験することで、子どものチャレンジの成功も、失敗も、見守れるようになっていく。ここを通ると、子育てはだんぜん楽しくなってきます。できないと決めつけていたことがどんどんできるようになっていく子ども。その真剣な姿に涙がこぼれるママもいるほどです。

手だし口だしをされず、信じて見守ってくれるママのもとで、子どもたちは、どんどんとのびのびとチャレンジをくりかえし、その結果をよくも悪くも自分で受け止められるようになります。失敗したら次への工夫。成功すれば、次はもっと違うことや難しいことへのチャレンジ。自分自身でチャレンジのサイクルを回せるようになっていきます。ただ、ママは信じて委ねて、見守る。そして子どもの感情すべてをそのままに受け止めるだけで、自らの力で成長していく子どもは、本当に力強く生きる力を身につけていきます。

あるレッスンでのこと。2歳になったばかりの小さい女の子が自分の使い終わった調理器具をシンクまで自分で運ぶ！　とトレイに小さなボウルをのせて、それはそれは慎重にゆっくりと歩いて、キッチンで待つ私のところまで歩いていきました。その後ろでママは……「あぶない！　落とさないようにね。気をつけて！　ゆっくり！」と、もうパニックになって言葉をかけています。

女の子は、そんなこと言われなくてもわかっています。わかっているから、それ以上できないくらいに、ゆっくり丁寧に慎重に歩いているのです。しかも、万が一落としても、割れるものでもなくこぼれるものも何もありません。

予定通り（笑）ママは、私に注意をされて、はじめて自分が毎日の子育てでどれだけ言わなくていいことを、子どもに言い続けているか……ということに気づいたのです。子どもが心配だから、子どものためを思って、よかれと思ってしている手だし口だしも、度が過ぎると何の効果もないどころか、子どものやる気をうばい、集中力をうばってしまいます。

私たち親は、子どもが歩んでいく人生の中で、子どもの前に落ちている石を、転ばないように拾い続けることはできないのです。石に気がついてよけるのも子ども。気がつかなくて転んでしまうのも子ども。「あら！　よく気がついたね」「転んだの？　痛かったね。今度からはどうしたら転ばないかな？」そんな声をかけてあげたいと思います。これは、人生のつまづきが起きた場合と同じです。

「ほら！　言ったでしょ!!　ママは、気をつけなさい、よく見なさいって言ったよね。

ママの言うことを聞かないからそんなことになるのよ」――口だしをするママほど、言いがちな言葉です。これは、悪いのはママの言うことを聞かないあなたで、注意したママは悪くないからね！　という正当化の意味も含まれます。子どもにとって、いつもそばで一番の味方でいてほしいママに、「ママは正しいのよ。ママの言うことを聞かない子は失敗しても助けません。知りません」と言われているのと同じです。そして考えてほしいのが、今、猛スピードで変化する社会の中で、ママの言うとおりにしていたら、子どもたちは幸せに生きていけるのでしょうか？　その答えにイエスと答えられないのなら、もう少しお口にチャックする必要がありますね……。

私に注意された前述のママは、その後、何度も口だししそうになるのをグッとがまんして、ふたり目の娘さんのときは、笑って見守れるようになっていました。お姉ちゃんも、しっかりと自立した子どもに育っています。

何にでもチャレンジしたい！　そんな子どもたちが、いつのまにかママの顔色を見たり、難しそうなことをやる前から嫌がったり……失敗したことをママのせいにするようになってきたら、手だし口だしが多くなっていないかな？　と自分自身をふりかえり、ただ信じて委ねて見守る……、これを静かに実践してみてくださいね。

きっと、子どもは自分の見つけた好きなことにどんどんチャレンジし、ママはあたたかく見守ることができるようになり、信頼し合える素敵な関係になるでしょう。

3つの約束で子育てはうまくいく！

2歳からのこども料理教室［こどもカフェ］では、3つのお約束があります。

1つ目 ママは危険がない限り、手だし口だしはしないでください。

2つ目 「やる」か「やらない」かは子どもが決めます。無理やりやらそうとか、最後までやらせようなど、ママの意思で子どもの行動をコントロールしないでください。

3つ目 「上手！　上手！」とほめすぎないでください。

この章では、この3つのお約束の背景を、実際の事例を使って書いてきました。

［こどもカフェ］はお料理教室ですが、この3つのお約束を通じて、子どもの生きる

力が育つ環境を作る大切さと、そこでのママの役割をお伝えしています。

第2章では、ママの気がつかないうちにとらわれている考え方を、本章では具体的な声かけや見守り方などを書きました。いろいろな観点や事例をもとに書きましたが、要は、

「子どもを信じて・委ねて・見守る」

という、とてもシンプルなことなのです。ですが、これがまた難しい（笑）。

2歳～3歳のイヤイヤ期真っ盛りの子どもは、どんなことでも自分でやりたがるくせに、できないとかんしゃくを起こしてあばれるなど、自己主張が現れる。やっと落ち着いてきたと思ったら、言葉の発達とともに、屁理屈まで発達して、わざわざ親の気分を逆なでするようなことを言ってくる！　私たちは、つねに子どもに何かを試されているような気になります。あ～、また怒ってしまった……。また、言いすぎてしまった……。こんな小さい子ども相手に、何を意地になってしまっているんだろう……。天使のような表情で眠る我が子に「ごめんね」とつぶやく夜を何回過ごしているんだろう？　そうやって、ついつい自分を責めてしまうママがたくさんいます。

でも、そんな罪悪感で凹んでいるママにこそお伝えしたいのは、子育てに答えはない、いいえ、ママと子どもの数だけの答えがある、ということです。「信じ・委ね・見守る」ことで、ママも子どもも間違いなく成長できるのです。その中で、自分なりの答えを、自分と子どもの間での心地いい答えを見つけてほしい。そのために、立ち帰る場所として、キッチンを選んでほしいと思います。

3つのお約束を常に守れなくても、思いだしながら、失敗と成功をくり返していくことで、第1章でお伝えした、アンケートトップ3の「思いやりのある人」「好きなことを見つけて楽しい人生を歩める人」「自立した人」に近づいていくことでしょう。

子育ては、いつも現在進行形。立ち止まって学びなおしてやりなおすことはできないからこそ、失敗を恐れずにいつも前を向いて進んでいきたいですよね。すべては実践で学びながら、子どもを自立へと導き、ママは子育てのよろこびと楽しさを手にしてください。

命をかけて、人生最大の痛みを乗り越えて産んだ子どもです。そんな愛する子どもが悩みのタネになっていては、哀しすぎます。ちょっとしたものの見方、考え方の角度を変えるだけで、悩みのタネは、よろこびと楽しさに変わる。そのきっかけは、特別な教材も、高額な月謝もいりません。

さぁ。早速、子どもと一緒にお料理してみませんか？

がんばって手作りしたエプロンをつけなくても(笑)、凹む必要はありません。ただ、並んでゆで卵の殻をむく。しめじや、エノキをさく……そんなことから始めてみましょう。

column

「こどもカフェ」のママと子どものおもしろエピソード

日曜日の朝になると、ママが寝ている間にこっそり起きてキッチンに行き、ママに特製のミックスジュースを作ってあげるのが週末の楽しみになっていた4歳の女の子がいました。ママは、そのことをわかっていたので、布団の中でじっと耳をすまし物音で子どもの安全を伺いながら、「ママ！　ジュースできたよ」と起こしにくるのを待っていたそうです。

はじめのころは、得体のしれない色の液体が浮かんでいたり……妙に粉っぽくて、どんなにがんばっても飲み切れなかったりしたジュースもあったそう（笑）。それでも、手だし口だしせずに、布団の中で待つ日曜日の朝……（笑）。やがてだんだんとおいしいミックスジュースになっていったそうです。

その女の子が、お友達のおうちにお泊りに行ったとき。やっぱりお友達の親が寝ている間にお友達と一緒にこっそりキッチンに行き、どうもジュースを作ろうとしている……。話を聞いていたお友達のママが、布団の中で子どもたちの会話に聞き耳をたてていると、「ごま油は入れない方がいいよ」「あ、小麦粉もダメダメ」「バナナはおいしいよ」などと女の子が指示をだしている……。

コラム

え？　女の子のママが言ってた〝得体のしれない液体〟はごま油だったの？〝粉っぽい〟って、小麦粉入れてたの⁉　もう、笑いがこみあげてきて、早く女の子のママに種明かしをしたくてウズウズしたって（笑）。そして、その日は無事においしいジュースができあがり、みんなで平和な日曜日の朝を過ごしたそうです。

普通なら「何を入れたの⁉」「こんな飲めないものを作って、捨てることになって、もったいないじゃない！」「食べものはおもちゃじゃないのよ！」なんて、怒ってしまいそうなことなのに、このママたちはそれをぐっとこらえて、子どもを信じて、委ねて、見守っていたのです。

この子どもたちは、いま小学生です。しっかりと自分の考えをもち、自分の言葉で表現し、友だちの間で揉めことがあったら自分たちで話し合います。決して、じゃんけんや多数決などの安易な方法で解決するのではなく、根気よくコミュニケーションをとり続けます。そして、いまは大人顔負けのお料理をしています！

そんな彼女たちの姿から、大人の私たちが教えてもらうことがたくさんあります。

第4章

「ママと一緒に料理」で、子どもが自然に学べるたくさんのこと

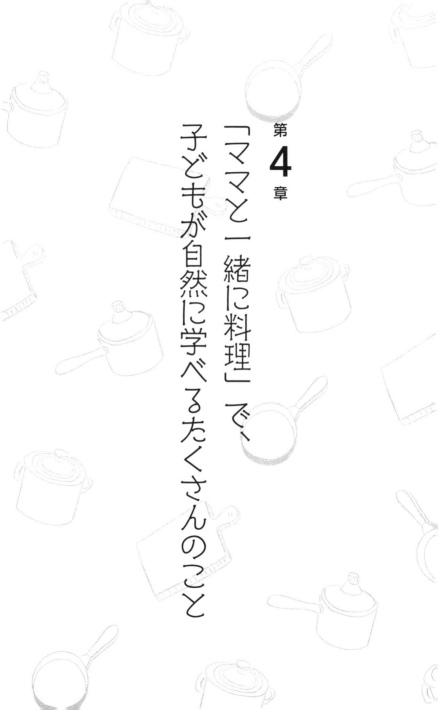

失敗から知恵と工夫を学べます！

いざ、子どもが料理をするとなると、常に失敗の連続です。力は弱いし、手先も器用に動きません。それでも「やりたい」気持ちがあふれてくる2、3歳のころに、ぜひ一緒に料理を始めてほしいと思っています。子どもの「やりたい」には賞味期限があり、もう少し大きくなってから、もう少し力がついてから……と先延ばしにして、いざ誘うと、もう興味がなくなっていることも少なくありません。

やりたいときがやらせどき！

子どもがキッチンに入ってきたら、ぜひ歓迎してあげてくださいね。最初はなかなかうまくいきません。失敗を繰り返すうちに、どうやったらうまくいくかな？　と問いかけて、失敗を楽しむくらいのつもりがちょうどいいです。

子どもと料理をする目的は「上手なできばえ」ではなく、「その時間を楽しむ」ことです。5歳くらいになって、自分のできばえを自分で気にするようになる前に、ただ、ママと一緒に料理をする、という環境を楽しめる小さいうちに、たくさんの、

「ぎゃ〜〜!!　失敗しちゃったね〜。ま、いっか〜。次は気をつけようね」

という体験を一緒に重ねてください。心配しなくても、子どもは成長し、だんだんといろんなことができるようになっていきます。そして、失敗しても怒られない、失敗してもまたやればいい。ママがいつもフォローしてくれる！　そんなことを自然と体験していけば、自分で考えて工夫するようになります。この大切な体験は、子どもの成長に何よりの勇気を与えてくれます。

ものごとには順序があることを学べます

あたり前のことですが、料理には段取り――準備からあと片づけまでの順序があります。まだ時系列の感覚がない小さな子どもは、「とにかく切りたい」「とにかく混ぜたい」「とにかく炒めたい」と自分のやりたいことだけをやりたがります。やりたいことをとことんやらせてあげるのは、とってもいいことですが、順序を間違えると料理は完成しませんよね。「これをしてから次はこれね」と、順序立てて説明しながら、任せられるところを任せます。そして、その次には、こうしようね、と、次の作業につなげていきます。

「とりあえず、キャベツをちぎっておいて」

という風に、一部分だけお願いすると、キャベツをちぎって終わりになってしまいます。キャベツをちぎりながら、そのキャベツでサラダを作ろうか？　お漬けものがいい？　どんな味つけがいいと思う？　などと、次にすることを話したり、聞いてみたりしてくださいね。

ただ、ここで気をつけたいことがあります。子どもが集中して夢中になっていたら、あえて何も話しかけないでください。夢中を邪魔してしまうことは、とってももったいない……。そろそろ飽きてきたかな……というタイミングか、子どもが「できた」とママの方を見たときがベストタイミングです。キャベツをちぎる前に、全部できたらサラダにしようね。と伝えておくのもいいかもしれませんね。

こんな感じで、料理を通して、物ごとにはスタートからゴールまでの順序があることを自然と学ぶことができます。ぶつ切りの作業ではないところが、子どもにとって学びが多い作業にもなります。

ほんものに触れることで五感が育ちます

食べもののことを書いた絵本もたくさんあります。テレビやYouTubeからもたくさんの情報を得ることができます。知ってる食べもの、見たことのない食べものを、それらを通じて身近に感じることはとても素敵なことです。ただ、その次のステップとして絵本や画面の中の世界と、ほんものの世界を、ぜひつなげてあげてほしいと思います。

ほんものの食べものに触れるということは、絵本や画面の中の世界とはまったく違います。触った感覚、大きさ、匂い、色合い、味……、そこには、ほんものでしか感じ取ることのできないものがあります。そして、その食べものは、切ったり、ちぎったり、炒めたり……とお料理をしていく中で、色や香りが変わったり、量が減ったりと、どんどん変化していきます。「こどもカフェ」のレッスンの中でも、私がお手本で野菜を切るとき、子どもたちは、身体を乗り出して興味津々で見つめています。

「なすびは、何色？」と聞くと、子どもたちは、

「むらさき～！」「黒～！」など思い思いのことを答えます。

そして、ヘタを切り落として「中は、何色？」と聞くと、

「きみどり～！」「うすいみどり～！」と答えます。

大人だったらどうでしょう？　みんななすびの断面は「白」だと答えます。今まで、何回も、何人にも聞いてきましたが、「白」と答えた子どもはひとりもいないのです。

かぼちゃを切ったとき、濃い緑の中から黄色い実と種がいっぱいでてきて、びっくりした子が、自分の手元にくばられた、くし形に切られたかぼちゃを眺め、今度は自分が包丁を使って切ってみると……中からは何もでてきません（笑）。その子は、「切っても♪切っても♪かぼちゃ……♪」と楽しそうに口ずさみながら、どんどん切っていました。どろどろのさといもを切ると、中が真っ白で、意外すぎたのかゲラゲラ笑いだしてとまらなくなったときもありました。絵本の中では感じ取れない、ほんものと出合う瞬間です。

生のにんにくの匂いをかいで「くさい！」と言っていた子が、炒めると「いい匂い～」と変化に気がつく。生で味見したにんじんはかじるとポリポリとしていたのに、煮物にしたらやわらかくなっている……。何もかもが発見で、それらをすべて自分が体験しながら楽しめるのです。

絵本で野菜を見て、これがにんじんだよ！　と言っていたものが、固さや味が様々に変わって食卓に並ぶ。その途中を知らないなんてもったいない!!

お料理をすれば、どんな食材が、何をすればおいしく自分の口に入るのか、ということが自然に学べます。5～6歳になれば、その食材はどこでとれたか（野菜ならどんな風に実をつけるのか？　魚なら、どこで泳いでいるのか？）など、自然の中のことまで想像できるようになってきます。

小さな成功体験の積み重ねが自信につながります

たとえば、野菜炒めを作ろうとすると、買い物をする↓野菜を洗う↓切る↓炒める↓味付けをする↓盛りつける、と、食べるまでに小さな作業がたくさんあります。そのひとつひとつが終わるたびに、こどもは「できた」を実感し、達成感を味わうことができます。達成感を味わうと自然に自分に自信がつきます。

自分に自信がもてるようになると、自分が大好きになります。自分のことが大好きな子は、自分を大切にできる子です。たくさんの小さな成功体験＝達成感を自らの体験から感じ取れる環境は、まさに子どものやる気とさらなる好奇心をかきたてることでしょう。

子どもが「できた！」とママの方を見るとき、それはそれは自慢げなドヤ顔。自信に満ちあふれたその表情は、生きるよろこびに満ちているようにさえ見えます。

私は、その子どもの表情を見るのが大好きですが、それ以上に、そんな子どもをまぶし気に笑顔で見守るママの優しい表情がもっと大好きです。いつも、イライラしてばかりでイヤになってしまう……そんなことを嘆いているママも、このときばかりは、輝く笑顔で子どもを見守っています。ママ本人が自分のその笑顔を見られないのが残念で仕方がありません……。

自分を大切にできるようになります

　小学生くらいになると、最初から最後まですべて自分でやりきること、ママがそばにいなくてもひとりでできることによろこびを感じるようになってきますが、まだまだ小さい子どもは、ママと一緒であることによろこびを感じ、見守ってくれているからこそがんばれます。

　突然ですが、想像してみてください。

　ベランダで子どもと一緒にプチトマトを育てているとします。成長を助けるために、芽がでてきたときは間引きをしたり、茎がのびてくると支えとなる支柱を立てて、茎をくくりつけます。実をつけて赤くなるまで水をあげ、肥料をあげ、日当たりを気にしながらおいしく熟すまでを見守りますよね。子どももワクワクしながら、お世話をすることでしょう。

　これは、私たち人間が育つときと同じなのです。植えた種からなかなか芽がでないからといって、種を割って無理やり芽をほじくりだしたりしませんよね。弱々しい茎が上にのびようとしているときに、しっかりと育つように支柱を立て、環境を整えてあげますよね。無理やり立たせたり、無理やり葉っぱをひろげたりしませんよね……?

それなのに、私たち親は、環境を整えることを丁寧にせず、ああしなさい、こうしなさいと無理やり子どもにやらせようとしたり、できないことを怒ったりします。これは、これから花を咲かせ、実をつけようとしているつぼみを、無理やりこじ開けているのと同じことだと言えます。今にも咲こうとしているつぼみを見つけたら、雨が直接当たらない場所に植木鉢を移動したり、虫がついていないかとチェックしたりしますよね。そして、自然の力で、自分で花開くときを待つのです。

子どもは自分のタイミングで成長します。転んでも転んでも、何度も立ち上がって歩こうとしたとき、自然と子どものまわりからぶつかったら危ないものを片づけましたよね。親はそんな風に、ただ成長しようとする子どもの環境を整え、あとはじっと成長の花を咲かせるのを待つだけでいいのです。子どもは、そうやってママが見守ってくれているのを感じると、とっても粘り強くがんばれるようになります。

そして、「自分でできたね」「ママ、見てたよ」というママの笑顔と見守りが、ますます子どものよろこびになり、達成感と合わさって、自分をみとめてくれるママのもとで、自己肯定感が育っていきます。

国別に「私は、自分自身に満足している」というアンケートを見たことがあります。「そう思う」と答えた日本の若者の比率は、残念ながら、諸外国と比べても圧倒的に低かったと記憶しています。謙虚が美徳とされる日本独特の文化が背景にあるとしても、グローバルなこれからの世の中で、美徳が足を引っぱることもあるということです。

ただ環境を整えて、見守る。なかなかプチトマトのようにはいかず（笑）、感情的になってしまいますが、一緒にキッチンに立つときは、プチトマトの支柱になったつもりで見守ってくださいね。いつ、どこに、どんな実をつけるかは、子どもが決めてくれますよ。

自分の身体は食べるもので作られていることを学べます

最近では、便利な食べものも増え、スーパーの売り場面積も生鮮食品よりも加工食品の方が多いのがあたり前です。この食べものは何で作られているのか？　と表示を見ても分からないモノもたくさんあります。

長男が、一緒にスーパーに行ったとき、とってもきれいな緑色の海藻サラダをお惣菜売り場で見つけて、「お母さん。これ食べたい！」と言ったことがあります（長男はわかめが大好物〈笑〉）。あまりにもあざやかな緑色だったので、魚売り場まで戻り、わかめの本当の色はこんな色だよ、って本物のわかめの色を見せました。そして、もう一度お惣菜売り場に行き、どうしてこんな色だと思う？　と聞くと、じっと食品ラベルを見て、「青色？　黄色？　○号？　これってなんの食べもの？」と聞いてきました。食べものじゃないよ。食べものをおいしそうに見せるための添加物というものだよ」と伝えると、「ふ〜ん、じゃあいらない」と言いました。幼い子どもにどこまで理解できたかは、わかりませんが。

また、あるとき、体調をくずしておかゆを食べるときに、いただきものの、のりの佃煮をのせて食べたのですが、しばらくして嘔吐していましました。そしたら、口から真っ青なおかゆがでてきたのです。絵の具のような青……。息子はびっくりして、青いものなんて、食べてないのに!!　と言いましたが、のりの佃煮に青い着色料が入っていたのです。

すべての添加物がだめだとは言いませんが、できれば少なくしたいと思っています。料理をすると、その途中で何が入って、どんな風に調理されているかがわかり、それが自分の口の中に入って、自分の元気のもとになる、ということがはっきりと理解できるようになります。

「自分の食べるものを知って大切にする」ということは、「自分自身を知り、大切にする」ということにつながりますが、これは、本を読んだり、人に聞いたりして学ぶよりも、自分で食材を見て、料理をすることが何よりの近道ですし、自分の体験を通して感じることができるので、とても心に響きます。

「食を変えると人生が変わる」と言われるほど、食は生きるうえでの原点です。だからこそ、言葉で言って聞かせるのではなく、日常の体験から子どもたちに自然に身につけてほしいと思っています。

思いやりと想像力が育ちます

毎日、家族のごはんを作っていたら、あまりにもそれがルーティン化してしまって、やりがいや楽しみが見いだせなくなることもあるかと思います。私も、料理教室の先生とはいえ、いつもやる気満々で料理をしているわけではありません。

でも、ふと思うのです。もし、私が独り暮らしだったら、こんな風に野菜をたくさん使ったお料理や、おいしいお味噌汁を作ろうとするかな？　ってね。答えはきっとノーです。たこ焼きとビールがあれば満足だなって思います（笑）。

家族のために作っている！　そんな風に思っているけど、家族の存在があるからこそ、自分の食を豊かにしてもらっているな～と気づいたとき、今までの自分がなんとおこがましい人だったのかと、恥ずかしくなりました。家族の存在というのは、お互いがあってはじめて成り立つもので、誰かが誰かを支えている、というような一方的なものではないですよね。そう気づいたのも結婚して随分たってからです。それも、私は料理と食を通じて学びました。

「こどもカフェ」のレッスンで、はじめは、料理をすることがもの珍しくて、目の前のことだけに一生懸命だった子どもも、自分の作ったごはんをママが「おいしい！」「ありがとう！」って食べてよろこんでくれることを体験することで、どんどん自信をつけていくのが目に見えてわかります。レッスンが始まる前に、「今日は、ぼくがママの分を作ってあげるからね！」と、堂々と宣言している子もたくさんいます。また、作ったごはんをお弁当箱につめて、パパに持って帰る！　とか、おばあちゃんやおじいちゃんに帰りに届けるんだ！　と言う子もいます。回を重ねるごとに、料理に対する余裕がうまれると、今度は、食べてもらいたい人、よろこんでもらいたい人への思いがあふれだします。

料理が心を育ててくれる。

それを実感する、とてもうれしいできごとです。これも、「人に優しくしなさい」「相手の気持ちになって考えなさい」なんて、言って聞かせているのではありません。つぼみが時期を待って自然に花を咲かせるように、子ども達が自然と学び取っているのです。

ママが、子どもと一緒に「料理をする」という環境を整えているだけでね……。

自立への道が自然とひらかれます

お料理はいつもおいしく作れるとは限りません。どうして、おいしくないの？　どうしたら、おいしくなるのかな？　失敗という考え方よりも、いつもどうしたらよくなるのかな？　という改善策を考えるクセがつきます。

自分が思いをはせて作った料理を、相手がとってもよろこんでくれたら、自分もすごくうれしいし、次はもっとよろこんでもらいたい！　と思います。どんどん次へのチャレンジが楽しくなります。

何かうまくいかないことがあれば、どうしたらいいか……という問題解決策を考えて、次へと活かし、またチャレンジをする。このサイクルを回せるようになると、それはもう「自立したひとりの人」としての素敵な姿になっているとは思いませんか？

column

困ったときの解決方法は、手のひらのスマホの中にはありません

たくさんの子育て本の中で、脳科学、○○教育、○○心理学など、研究や歴史的背景のある教育論もあります。今は、本だけでなくインターネット上にも、たくさんの情報があふれていて、困ったときは、手のひらのスマホの中で調べものができる時代になりました。でも、ここであえてお伝えしたいのは、子育てにつまづいたとき、その解決方法は、本の中や、スマホの中にはないということです。参考になることはあるかもしれない。でもね、本当の解決方法は、ママと子どもの間にあります。

スマホを見るのではなく、子どもをしっかりと見てあげてください。子どもの声に耳を傾けてあげてください。そうすれば、自然とどうしたらいいのかがわかってきます。そして、それが一番わかりやすいのが、一緒にお料理をすることです。子育ての中にお料理をとり入れるだけで、親子のコミュニケーションは豊かになり、子どもはのびのびと育っていきます。まさに、「こどもと一緒にお料理」は魔法なのです。

第5章

「子どもと一緒に料理」は何から始める?

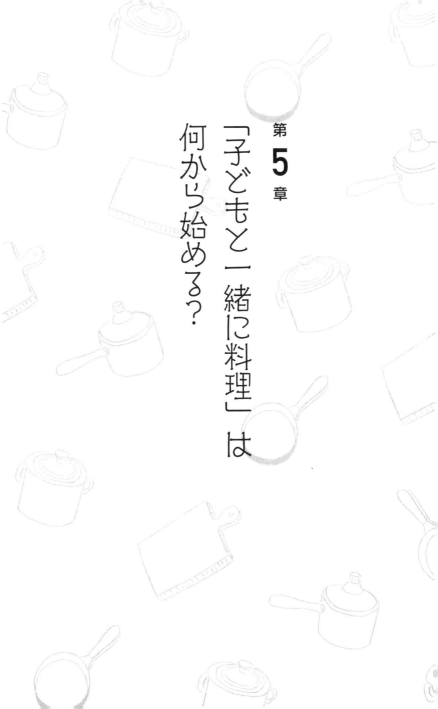

子どもが今どんなことが好きかわかりますか？

子どもは、成長の各段階で、それぞれ好きな作業や夢中になる作業があります。たとえばお座りができるようになると、手を自由に使えるようになり、貯金箱のような小さな穴にものを入れるおもちゃで夢中に遊んだり、ティッシュの箱からシュッシュッとなくなるまでティッシュを取りだしていたりと、手先を使うことを好んでやる時期があります。同じことを何度も何度もくりかえし、まるで何かのトレーニングのように取り組みます。子どもが静かにしているな〜と思ったら、よく観察してみてください。どんなことに夢中になっているのかを見つけることができますよ。

絵本をびりびりとやぶりたがる……ちょっと困ったこんな行動も小さな子どもにとっては、とても大切な成長のための遊びなのです。ほかにも、子どもが日々の成長の中で夢中になる作業はいっぱいあります。そして、それらの遊びはお料理の中の作業にたくさん隠れています。

たとえば……、

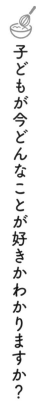

・食卓で、コップのお茶を移しかえることに夢中になっていたら、ママが作るドレッシングの材料を順番に加えていく作業をお願いしてみる。
・何でもやぶることに夢中になっていたら、捨てる予定のキャベツや白菜の外側の葉っぱを渡してもいいでしょう。お料理には直接関係なくても、絵本をやぶられるよりはいいし、ママと一緒にキッチンにいることは、子どもにとってもとてもうれしいことです。
・少し腕の力がついてきて、何かにぶらさがったりすることができるくらいになってきたら、じゃがいもをつぶしたり、パン生地をこねたり……と腕の力を使う作業を一緒に楽しんでみてください。

こんな風に、子どもが自然に求めるやりたいことは、成長と結びついていて、それをお料理の中に取り入れてやらせてみると、びっくりするほどの集中力を発揮します。夢中になって何かをする、最後までやりとげる、それは身体の成長とともに心も大きく成長させてくれる体験です。

子どもを観察していると、親としてはときには迷惑ないたずらのようなこともありますね。でも、子どもにとってはとても大切なことですので、ちょっと視点を変えてお料理に関わることで子どもの「やりたい！」を叶えてあげてください。
「うわ〜〜やめて〜〜！」というママの悲痛な叫びは、魔法にかかったように「こんなことができるようになったのね!!」というよろこびに変わります。ママのイライラが笑顔に変わる瞬間をぜひ体験してほしいと願っています。

大切なことは「ありがとう」を伝えることです

誰でも、「お料理」というと、上手に作っておいしく食べる、というイメージが思い浮かぶと思います。でも「子どもと料理」となると、目的とゴールがまったくちがってきます。経験のない子どもたちが、包丁を持ち、火を使う。最初から上手にできるはずがありません。それなのに、私たちは無意識のうちに「上手に作っておいしく食べる」ことをゴールにして子どもに押しつけてしまいがちです。

私は、「こどもカフェ」のレッスンのお申し込みをいただくときに、「子どもを料理上手にさせたいのなら、もう少し大きくなってから、子どもだけで通えるお料理教室に通われた方がいいですよ」とお伝えします。まだまだ力の弱い子どもに、わざわざ包丁を握らせるようなことをしなくていい、と。

2歳の子どもに、早くしっかり包丁を持てるように！　なんて、求めなくてもいいと思いませんか？　子育てって、少し冷静に考えれば「そうよね」と肩の力を抜けるようなことばかりなんですが、社会があまりにも「少しでも早く、少しでも人より優れること」に注目しすぎて、子どもの本来の力が育つのを待たずに「早く早く」と何もかもを急かしているように見えてしまいます。あせらなくても大丈夫。スキルを教えるのではなく、心を育てるためにお料理を一緒にしましょう。

「子どもと料理」をすることのゴールは、「楽しく作っておいしく食べる」です。上手に作ることにこだわらず、子ども自身の「できた！」といううれしさや、よろこび、達成感によりそって、家族みんなで食卓を囲めるといいですね。大切なことは「できばえ」ではありません。

「上手にできたね〜」と言うよりも、「作ってくれてありがとう」を伝えてあげてほしいと思います。いつも、子どもの作るごはんは、見栄えが悪くてもとてもおいしくて、食べる人を笑顔にしています。

私は、たくさんの親子のその姿を見てきたからこそ、上手・下手と◯×のような評価よりも、大好きな家族から感謝されるよろこびを感じながら育つ子どもは、きっと、感謝のできる人になると感じています。

第1章で、詳しく書いたように、今までレッスンや講座、講演会を通じて、たくさんのママに「我が子に、どんな人に育ってほしいですか?」とお聞きしてきて、圧倒的な1位は、「思いやりのある人」です。子どもと一緒に料理をして一緒に食べる、たったそれだけのことですが、環境の整え方、見守り方、声のかけ方で、子どもは生きる力を身につけ、思いやりのある人に育つのです。

子どもと料理をして失敗を楽しむ・醍醐味を味わう

第2章でもふれましたが、子どもと一緒に料理をする上でとっても大切なことなので、もう一度、ふれておきたいと思います。料理には失敗はつきものですが、小さな成功もたくさんあって、洗えた! 切れた! 混ぜられた! といった小さな「できた」が積み重なって、家族の笑顔につながります。「けがをさせたくない」「おいしく作らせたい」という思いから、ついつい先回りして、あれこれ手だし口だししたくなるところを、グッとこらえて、子どもの自分でやりたい気持ちを叶えてあげてくださ

い。ときには、思う通りにできなくて、かんしゃくをおこすこともあるでしょう。そんなときは

「あなたがやりたいって言ったんでしょ！」

という言葉をのみこんで（笑）。

「うまくいかないね。ママ、お手伝いしようか？」

と、悔しい気持ちによりそいながら、どうすれば思うとおりにできるのかを一緒に考えるような声がけをしてみてください。すぐに気持ちが切り替えられなくても、経験を重ねていくことで、できることも増えてくるし、子どもにとって難しく感じることができたときのうれしさほど、子どもを輝かせてくれるものはありません。うまくいかなかったとき、失敗してしまったときこそ成長のチャンスです。ママが子どもの悔しさによりそって、できるようになるまで、信じて見守ってあげてくださいね。

また、少しお料理に慣れてくると、子どもなりにアレンジをするようになってきます。お味噌汁に入れようと思ってにんじんを切ってね、とお願いすると、まるで炊き込みごはんに入れるくらいのみじん切りをしてみたり（笑）。サラダにするから少し細かくちぎってね、と言って渡したレタスを、ざっくり半分にして、できた‼　と満

面の笑みを浮かべたり……（笑）。

こんな風にやってみたい！　これでいい！　そんな子どもの主張は、できるだけ受け入れてあげてほしいと思っています。

以前、「ポテトサラダに入れるきゅうりを切る！」と言う子どもに、いざ任せてみると、切らないでそのまま入れる！　と言って聞かず、もういっか〜！　ときゅうりまるまる一本が真ん中にど〜ん！　とのったポテトサラダを作りました」と、写真を送ってくれたママがいました。そのサラダを前にした子どもの笑顔は、ほんとうにうれしそうで（笑）……。

ポテトサラダに入れるきゅうりは、薄切りにするんだよ！　と無理やりやらせていたら、きっとあの笑顔はなかっただろうな……と、とても微笑ましくて、ママのあきらめのよさに敬意を表したくらいです（笑）。

私たちは、料理だけでなく日常の子育ての中で「こうしなければならない」にとらわれがちです。ポテトサラダのきゅうりは薄切り!!　みたいにね。でも、たった一日、ポテトサラダの真ん中にきゅうりがそのままど〜んとのっていても、どうってことないんですよね。問題があるどころか、こちらの家族にとって今となってはとっても素敵な思い出です。

子どもの料理に失敗はありません。すべてが成長のタネですので、これからどんな芽を出してどんな風に伸びていくのかを、のんびり見守って、あっちむいたり、こっちむいたりする個性を楽しみながらサポートできたら素敵だと思いませんか？

私からママにお願いしたいことは、「肩の力をぬくこと」。そのための魔法の言葉は「まぁいっか～」です。

最初は食材を洗うだけでもオッケー

2歳を過ぎるころから、子どもはよくキッチンに入ってくるようになります。ママの真似をしたい、ママと一緒にいたい、いろんなことに好奇心が旺盛になってくる……たくさんの理由があると思われますが、キッチンに入ってきたからといって、即、お料理をさせなくても大丈夫です。

うちの長男は、私がキッチンに立つと「台、台、台……」と言いながらダイニングの椅子を一生懸命持ってきてはシンクの前に立つようになりました。最初のころは、水遊びばかりしていましたよ。コップの水を右から左、左から右へと移し替えて、飽きもせず、ず～っとやっていました。

あるときは、食器洗い用のスポンジを持って、シンクをくるくると磨いていました。知らない間に私がやっているのを見ていたんでしょうね。あまりにも夢中になって前のめりになり奥の方まで手を伸ばしたものだから、両足が浮いてしまってシンクの中に両手と頭を突っ込んで、逆立ちのような格好になり、大笑いしたこともあります。まだまだ、お料理まではできなかったこの時期でも、私はとなりで水遊びをする息子がとってもかわいくて、一緒に並んで立つこの時間が大好きでした。

そして、いつのまにか、お野菜を洗ってもらったり、ちぎってもらったりするようになりました。なかなか、こちらの望むようにはしてくれませんが（笑）、相手は2歳の子どもです。ただ、水をジャージャー流しながら、やっているつもりになっている姿もとってもかわいかったです。

「こどもカフェ」のレッスンでは、子どもがやりたがることは、子どもが納得するまでしっかりやらせてあげてね、と言っています。もうできているのに、いつまでも混ぜたがったり……充分だよ、って言っても、もっと細かく切ろうとしたり……と、大人から見るとよくわからないこだわりがあるときがありますが、子どもが自分で「できた！」って終わりを決めて、しっかりと達成感を味わえるまで見守ってくださいとお伝えしています。

ある日、レッスンに通っていただいているママからメールをいただきました。
《私がキッチンで料理をしていると、娘が踏み台を持ってきて横に立ち、一緒に料理をしたいと言いました。ちょうど、サラダを作ろうとしていたので、ボールに水をはって、レタスを洗ってもらうことにしました。娘はよろこんで水をジャージャーだしっぱなしにして、レタスを洗い始めましたが……しばらくたっても、まったくやめる気配がありません。水はだしっぱなしでもったいないし、まわりは水浸しになるし、もうレタスが溶けるんじゃないか？　と心配になるくらいでした。それでも、先生の「子どもが自分でできた！　と言うまでやらせてあげてね」という言葉を思い出し、水道代を気にしながら子どもを見守っていました（笑）。

どれくらいの時間だったでしょうか？　私の感覚では20分くらいは洗っていたように思います。とにかく長かった……。何度も何度も「もういいよ」と言いたいところをグッとがまんして見守っていると、とうとう娘が「ママ〜〜〜できたよ！」と満面の笑みでこちらを向きました。その顔を見たとき、心から余計なこと言わなくてよかった〜って思いました。そして、その日以降は、娘は無駄に長く野菜

を洗うことがなくなって、先生が言っていた「やりきると卒業するよ」という言葉もまさにその通りだと感じました。料理以外でもついつい子どもが夢中になっていることでも、さえぎってしまうことがありますが、しっかり見守っていきたいと思います。》

水がジャージャー流しっぱなしで、レタスは洗われすぎて（笑）、どれほどやきもきしたか、ママの気持ちが手に取るように伝わってきます。私も何度か同じような経験があって、子どもに気づかれないように、そっと水の量を少なく調整すると、子どもが気づいてまた全開にする……そんな無言の戦いをしたこともあります（笑）。でもね……子どもが成長のタネを芽吹かせるために、夢中になっていると考えたら、水道代なんて流行りのおもちゃよりも格安です。ほんの少しのがまんと見守りは、子どもにとって心の成長の芽となり、ママにとっては、子どもとの時間を宝物にしてくれます。

子どもを信じて、委ねて、見守る。

あらためて、大切にしたいですね。

料理を進めながら、お手伝いを頼むコツ

料理には順序があり、段取りがあります。順序や段取りを体験しながら学んでいくにはもってこいのツールですが、まだまだ慣れない子どもと一緒だと、段取りも狂うし、やりたい気持ちにもムラがあるので、何でも一緒にやる……となるとついついイライラしてしまったり、子どもがやっていることをさえぎってしまうこともあるかもしれません。それでも、子どもは容赦なく、踏み台を持ってママの横に現れます（笑）。

そんなときは、その日、ママが作ろうとしている以外のものを子どもに作ってもらいましょう。

ママが作っているものの段取りの一部を子どもに担当してもらう、例えば、炒め物の材料を切ってもらうなど分担制にしてしまうと、子どもが材料を切り終えるまで待たなければいけません。そこで、ざっくり切ってくれたらいいものを、みじん切りが始まってしまったら……想像しただけでもなんだかつらくなりませんか（笑）？　せっかく子どもが集中しているのに、途中でやめさせるのはよくない……けど、これ待っていてもいつ終わるのか想像つかないし……葛藤だらけになってしまします。ですの

で、小さい子どもがキッチンにきたら、その日のごはんと関係のないものを渡してください。第6章の冒頭に、いろいろなハウツーをご紹介しています。

そうすれば、子どもは自分のペースで、好きなだけやりたい作業に夢中になれるし、ママは料理の段取りをじゃまされずに集中できます。もっとも、夢中になれる作業だけで満足するのは、2~3歳くらいで、それ以上になってくると「自分が作ったもの」へのこだわりがでてきますので、そうなってきたら今度は、ひとりで作れるものを任せる、という段階へステップアップさせてあげてください。火を使わずに混ぜるだけの和え物やサラダなど、子どもだけで作れるレシピを巻頭に記載していますので、参考にしてみてくださいね。

少しの工夫で、親子で一緒にキッチンに立つことが楽しくなるし、気持ちのもちようで子どもをゆったりと見守れるようになります。親子で過ごす時間がとれない忙しい現代だからこそ、命を育むごはんを一緒に作る料理の時間を、親子で過ごす素敵な時間にしていただきたいと願っています。

子どもがどんどんやる気になる声のかけ方

一緒にお料理を楽しむ中で、声のかけ方はとても大切なポイントです。今までも何度かふれてきましたが、ここでしっかりと復習もかねつつまとめていきたいと思います。

「こどもカフェ」では「ほめる」と「みとめる」という言葉を使い分けています。多くのママは、子どもはほめて育てたほうがいいと思っていて、料理をしていても「すごいね〜上手だね〜」と声をかけたくなります。

「こどもカフェ」の「3つのお約束」の3つ目は、料理中だけでなく、子育ての中での要となる、この約束です。

「上手！ 上手！ とほめすぎないでください」

これをお伝えすると、ほとんどのママはびっくりします。

でも、子どもがそれはそれは集中して慣れない包丁を持ち、固い野菜を切る……できた瞬間に自慢げな顔でママの顔を見る！ そのときに、かける言葉は、「上手だね！」ではありませんでしたよね？

「ママ見てたよ。最後まで切れたね！　ひとりでがんばれたね！」

そんな風に、誰が見ても同じことを言葉にして伝えれば大丈夫。ここでは、「上手、下手」などのできばえはどちらでもいいことなのです。

そもそも、ほめておだてて、子どもがよろこぶのは4歳くらいまでです。自分で納得する仕上がりをイメージできるようになってきたら、大人が「上手だね～」なんて言っても、「こんなもの、上手じゃない！」とそっぽを向いてしまいます。私たちは、「ほめる子育て」をしなくちゃいけない……そんな思い込みがどこかにあって、子どものいいところを探そうと躍起になりすぎているような気がします。


1歳～2歳のころは、歩けるようになった、話せるようになった、スプーンが使えるようになった……など「すごい～！　上手～！」と言えることもたくさんありますが、ひととおりのことができるようになると、ほめることがなくなり「何をほめたらいいのかわかりません」という状態になってしまいます。それと同時に、子どもはどんどん活発になり、危ないことをするし、親がやってほしくないことに限ってやりたがる……となると、ほめるどころか、ガミガミと小言の方が多くなってしまい、ママたちはますますどうしたらいいのか、わからなくなってしまうというのが、ほとんどではないでしょうか？

しかし、「ほめる」ことにこだわらず、「できていることをみとめる」、となると、子どもを見る角度が変わってきます。できていることをみとめるとき、そのスピードやできばえなどは関係なくて、子どもがひとりでやりきった！　とか、自分で納得できるまでやりきった！　ということに焦点を当てて声をかければいいのです。たとえば、お料理をしていて、切っていたにんじんが不ぞろいだったら、ほめることは難しくても「固いのにがんばって切れたね」と、子どもがやりきったことに対して、よりそう声がけはできます。

私たち大人は、「ほめよう」としたとたんに、人と比べたり、評価をして上手・下手を判断してしまうような見方をしてしまい、子ども自身のがんばりや、こども自身が感じているよろこびや達成感を見失ってしまいがちです。ありのままの子どもをしっかりみとめ、子どもがママに見守られている安心感の中で、のびのびとチャレンジし成長できるようになるために、「ほめる子育て」をいったん横において、ただ、信じて委ねて見守り、できていることを言葉にしてみとめる。そんな声がけを心がけてみてくださいね。

「子どもと一緒に料理」の仕上げは、「一緒に食べる」

ただ「子どもと一緒に料理」をするだけですが、その時間はとても輝いていて、毎回ドラマがあります。チャレンジしたり、失敗したり、成功したり……そこにママの見守りがあって、それもうまくいくときと、うまくいかないときがある。キッチンは、まさに親子が一緒に成長できる場所です。親子でがんばってできあがった料理はできるだけ家族そろって食べられたらいいですね。お仕事が忙しくて、生活時間にずれがあり、なかなか同じ時間に食卓を囲むのが難しい時代ですが、子どもがお料理をすると、自分の都合よりも、食卓を優先するようになるパパもたくさんいます。

「こどもカフェ」は未就学児の親子向けレッスンですが、コロナ禍で休校中の小学生の子ども向けにオンラインレッスンをしたところ、とても好評で、中でも〝一週間月曜日から土曜日まで毎朝お味噌汁を作る〟というレッスンを開講し、たくさんの小学生が参加しています。

いつもは、自分が出かける10分前に起きてきてさっと出かけるパパが、子どもの作った朝ごはんを一緒に食べるようになったり、朝ごはんを食べないパパも、一緒にお味噌汁を飲むようになったり……と、家族の朝の時間がとても豊かになった家族がいくつも誕生しました。できるだけ一緒に食べてほしいな～と思ってはいましたが、こんな形でいとも簡単に家族がそろう食卓が実現するなんて思ってもいなかったので、ママたちからメールをいただいたときは、涙がでるくらいうれしかったです。

ここ最近では、孤食・個食の問題がとりあげられることが多いです。聞いたことがある方もいらっしゃるかもしれません。孤食とは、ひとりで食べること。個食とは、ひとりずつ好きなものを食べるということです。フードコートなどでは、家族そろって同じテーブルについていても、それぞれがそれぞれの好きなものを買って食べ、手にはそれぞれのスマートフォンや携帯ゲームを持ち、会話もなく、ただそこに座っているだけ……そんな光景もめずらしくありません。今の時代、当たり前になりつつあるこの光景ですが、どこかさみしさを感じてしまいます。

子どもが作った料理が家族の食卓に並んでいたら、スマホでゲームをしながら食事をしたりするでしょうか？　きっと、作ったときの様子を話しながら、会話もはずむと思いませんか？　子どもの自慢げな顔や得意話を存分に聞いてあげてください。パパの帰りが遅くて、子どもが先に眠ってしまっていても、ママは子どものがんばっていた姿をパパに話したくなりませんか？

どことなく、希薄になりがちな今の人間関係は、知らず知らずの間に家族の絆をも希薄にしているのではないかと、時々不安になることがあります。こんな時代だからこそ、「子どもと一緒に料理」をすることで、一緒に楽しむ宝物の時間を過ごしてほしい。家族と過ごす幸せな時間は、リゾート地のきれいな海や、テーマパークではなく、毎日すごす日常の中に、あなたのすぐ目の前にあるのです。

第6章

「子どもと一緒に料理」の理想を現実にする秘訣

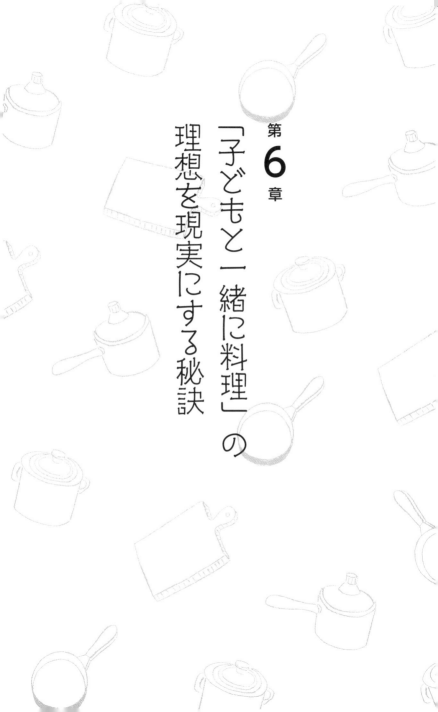

忙しい晩ごはん作りの時間に一緒に料理をする秘訣

子どもと一緒に料理をするとなると、特に小さい子どもの場合は、時間が余計にとられたり、手間が増えたり……。夕方、仕事からダッシュで保育園に直行してお迎えから寝るまでの時間は、お互い一日の疲れのピークでもあり、心も身体も戦場のような時間ですよね……。

子どもと一緒に料理をする目的は、親子のコミュニケーションを豊かにするためです。子どもの成長を見守れる素敵なママになるための時間が、戦場プラス修羅場になってしまっては、元も子もありませんので、決して無理はしないでくださいね。

ただ、そんなときでも、子どもは遠慮することはこれっぽっちもなくて、「やりたい」とそばにくることがあります。前にも書いていますが、子どものやりたい気持ちには賞味期限があるので、そのときはぜひ、あとで使える材料や、明日使えるお野菜の皮むきなどをさせてあげてください。小さい子どもは、ママの横にいて、一緒にお料理をしている雰囲気だけでも、満足することも多く、心がとても満たされます。

それでも、平日の夜は難しいことが多いのなら、お休みの日のお昼下がりや、遊びの時間にお料理をすることもおすすめです。晩ごはんの準備の時間だとどうしても時間に追われてしまいますので、お休みの日の昼食後に晩ごはんに使う玉ねぎの皮むきや、さやえんどうからお豆を出したり……とのんびりと一緒におしゃべりしながらできるような作業をするのもおすすめです。

たとえば……

○きのこをさく・翌日のお味噌汁や、ほかのおかずに使ってもいいですね。
○ゆで卵の殻をむく・そのまま食べたり、サラダにトッピングしてもいいですね。
○玉ねぎの皮をむく・皮をむいた状態で冷蔵庫で保存しても大丈夫です。
○きゅうりを切る・塩もみしておけば、翌日の朝の浅漬けにもなります。

＊＊おすすめ！　子どもと一緒に冷凍きのこを作ろう＊＊

きのこは、さくことで香りがよくなるし、冷凍すると歯ごたえもよくなり栄養価も高まります。お味噌汁や炒め物など、凍ったまま使えるので普段の料理の中でもとっても便利！　ぜひ、楽しみながら作ってみてください。

●材料……お好きなきのこ類を好きなだけ

●作り方

・しめじは、石づきをとりバラバラにほぐした後、ひとつのしめじをさらにたてにさく。

・まいたけも、石づきがあればとり、バラバラにほぐす。ほかのきのこも、食べやすい長さや大きさにする（長いものは包丁を使ってもいいです）。冷凍保存用のチャック付きビニール袋に入れて、空気をぬいて口を閉じ冷凍庫で保存します。使うときは使う分だけほぐして凍ったままお鍋にいれて大丈夫です。

集中できない子どもが夢中になる秘訣

小さい子どもは、なかなか先を見通すことができないので、少しの時間でも「待つ」ということがなかなか難しいです。また、やりたい、やりたい、と言ってくる割には、少しやるとすぐにやめてどこかに行ってしまう……ということもめずらしくありません。そんなときは、「今、この子の成長に必要ない作業なんだな～」と思ってくださ い。子どもの成長の中で「今」必要なことが必ずあります。ふだんの遊びの中で観察してハマッていることを見つけたら、同じようなことを料理やお手伝いにおきかえてみる。そうすると、子どもはよろこんで楽しそうにやってくれます。

次男が2歳のころ……そのころの遊びは、もっぱらミニカー。それも、ミニカーを並べるということにハマッていました。畳のふちを道路に見立て、ずら～と並べて渋滞を作ったり、駐車場のラインを書いた画用紙の上に、きれいに並べたり……他に、車を種類分けして遊ぶことにもハマッていました。パトカーや消防車などのサイレンカー・乗用車・働く車などに仲間分けをして遊んでいました。

これは、どの子でもよくあることです。想像して見立て遊びをしたり、規則性を見つけたり……。ですので、私は、息子にランチョンマットをしくことや、お箸をおくこと、食器を並べることをお手伝いしてね、とお願いすると、よろこんでやってくれるようになりました。また、お片づけのときも、食器を同じ種類のものがあるところに片づけるように促したり、フォークとスプーンを分けて片づけたり……とカテゴリー分けが必要なことをお願いしていました。

子どもは、その時期その時期なりの成長があって、できること・やりたいことが違います。そこをタイミングよく見極めることができたら、子どもが集中することを見つけることができるし、子どももよろこんで取り組むでしょう。もし、お料理にあてはまることがないな……と思ったら、そのときは無理やりお料理をさせなくても大丈夫ですよ。子どもの「今」をしっかりと観察して、「できる」ことを思う存分やらせてあげることが大切で､それが料理でなければならない､というルールはありません。「飽きっぽい」かどうかを決めつけてしまう前に、「今」この子にとって、ハマっていることが何かを見て、子どもがハマることを子どもと一緒に見つけていきましょう。それが見つかったら、子どもは私たち大人がびっくりするほどの集中力を見せてくれます。

小さい子どもができることを見つける秘訣

子どもによって成長の度合いは様々なので、一般的な横並びに2歳になったから、3歳になったから……というくくりでお料理をおすすめすることは、難しいのですが、「子どもがやりたがるときが、やらせどき」です。

ただ、まだ握る力の弱い子に、包丁を持たせるのは危なっかしいし、コンロがＩＨだと熱を感じにくいので、言葉をしっかり理解できないとフライパンを使うのも危険がともないます。

お料理と言っても、包丁と火を扱うことがすべてではありません。1歳をすぎて、両手を使って遊ぶことができるようになってきたら、ドレッシングの材料をプラスチックのボトルに入れて、ママと一緒にフリフリしたり……ビニール袋に材料を入れて上からこねてクッキーやピザ生地を作ったり……と手先を使った作業をよろこんでするようになります。

そして、棒などをしっかりと握れるようになったら（おままごとやおもちゃの包丁でどれくらいの力で握っているか……などを観察してみてくださいね）、食事用ナイフでバナナを切ってみる……など、調理器具も扱う素材も安全で簡単なものから段階を追って始めていくのがおすすめです。「何歳から」というくくりよりも、子どもが「今」何に興味を持って、どんな動作ができているかをしっかり観察してみると、一緒にできる作業がわかってきますよ。子どもの成長、子どもの夢中になることの発見名人になってくださいね。

子どもが「刃物」や「火」などを安全に扱うようになる秘訣

まだまだ危なっかしい小さい子どもでも、不思議なことに大人から見たら「え～～まだ無理じゃない？」と思うような危ないことをやりたがることが多いです。その様子を見るたびに、子どもは生まれながらのチャレンジャー、このままどんどん成長してほしい！　と思います。ただ、刃物や火は、ひとつ間違えばケガにもつながるし、ママにとってはとてもハードルの高い作業です。安全な環境と道具を準備してあげてください。

刃物（包丁）

・最初は食事用のナイフで

はじめて包丁で食材を切るときは、食事用ナイフなど刃があまりするどくないものを使います。

・食材は柔らかく、切りやすいものを

バナナなどの柔らかく、切るときにひっかかりのない素材が安全でよい練習になります。断面が丸くて転がりそうなものは、ママが縦半分に切って、かまぼこ状の安定した形にしてから渡します。

・猫の手は力がついてから

押さえる手を猫の手にすると、小さい子どもの場合、力が入らずかえって不安定になる場合もあります。包丁から遠い位置で、手のひら全体で押さえるなど、しっかりと押さえやすい手の置きかたで大丈夫です。食材が小さくなってきたら、ママが手伝ってあげてください。

「切る」という動作になれてきたら、だいこんやにんじんなどを柔らかく煮てから切ってもらってもいいですね。いろんな触感、匂いにふれながら、食べものを身近に感じられるいい機会です。

・慣れたら、よく切れる包丁を

たくさん経験して、切ることがどんどん楽しくなってきたら、本物の包丁を渡しましょう。子どもがしっかりと握りやすい持ち手の包丁で、切れ味がいいものがおすすめです。切れ味の悪い包丁は、切れにくいときに乱暴な扱いをしてしまったり、けがをしたときも傷口がギザギザで治りにくい場合もありますので、慣れるまではドキドキしますが、ぜひよく切れるものを渡してあげてください。しっかりと説明し、切れるところを見せると、子どもは丁寧に真剣に扱うようになり、無茶なことはしません。そして、使うたびに危ないところ、危ない使い方、どうすれば安全か、どこがさわっていいところか、ダメなところか、親子で一緒に確認してください。

火（コンロ・フライパン）

・火を体験していない子どもの注意

最近では、ＩＨコンロのキッチンを使っているお家が多くて、火を直接見る機会がない子どもたちが増えています。ＩＨコンロだと、お鍋からもあまり熱さが伝わってこないので、どこをさわると危険か、子どもはなかなか理解できません。子どもと一緒に熱くなるところ、触ってもいいところ、ダメなところを確認することがとっても大切です。もし、カセットコンロがご家庭にあれば、それを使って一緒にお料理をするときに、火の熱さを一緒に感じてみるのもいいですね。

・鍋は浅くて大きい安定したものを

最初は、ママと一緒にやってみます。フライパンのような浅いお鍋の方が、木べらなどで食材を混ぜるときに手が鍋のふちにあたることもなく比較的安全です。そして、左手ではしっかりとお鍋の取っ手を持つように教えます。熱中してくると、どうしてもお鍋の取っ手を持つ手の力が抜けてきます。そんなときにお鍋が不安定になって、ぐらっとしたり、混ぜているときに食材が飛び出してしまったりすると、左手がとっさにお鍋を押さえたり、こぼれた食材を直接ひろおうとしてしまったりして、やけどをする場合が多いです。しっかりと取っ手をつかんでいれば、そんなことも起きないので、ここはしっかりと見守ってあげてくださいね。

・食材は鍋が冷めているときに入れる

お鍋に火をつける前の冷めた状態のときに、食材を入れることをおすすめしています。熱いフライパンに油が温まっているところに食材を入れると、油が跳ねてしまうこともあります。小さい子どものする料理ですので、そこは臨機応変に作り方の順序をかえてあげてくださいね。どうしても沸騰したお湯の中に食材を入れるような場合は、お玉にのせてからそっとお湯の中に入れる方法を、まずはママがやって見せてから、真似してごらん、とやらせてあげてください。経験のない子どもに、「そう〜っと入れてね」「ゆっくり〜」などと言葉で伝えても、イメージがわきません。ママが目の前でやって見せる→真似をしてごらんと真似させると、ほとんどの子どもたちが、ママのやるとおりにできます。

・本当に危険なときは

包丁も、火も、とても集中力を必要とします。危険なことをきちんと説明すれば子どもは自分なりに気をつけて、真剣に取り組みます。集中しているときは、その途中で絶対に話しかけないようにしてください。ママの声が聞こえることで、集中がとぎれてしまいます。

包丁を逆に持っていたり、フライパンを手でさわろうとしたり、と危険な場合は、さっと手を握って制止する。いちばんやってはいけないことは、危なそうなときに「あぶない、あぶない！」と声だけかけることです。子どもが集中して、夢中になっているからこそ、勇気をもってギリギリまで見守っていれば、意外とできるものです。そうやって、ひとつひとつのチャレンジを克服した子どもは、ほんとうに誇らしげで、自信に満ちあふれた表情をみせてくれますよ。

子どものこだわりを受け入れる秘訣

子どもは、ひとつのことができるようになったら、それがとてもうれしくて、何度も何度もやりたがります。それは、料理に限ったことではありません。

小学生向けオンライン料理レッスンでは、1週間、毎日朝ごはんを作るというプログラムがあります。初日は、スクランブルエッグを作り、翌日は目玉焼き、その次は卵焼き、と、一応ステップアップをしていくようにしていますが、初日に作ったスクランブルエッグがとても気に入って、翌日もその翌日も、作り続けている子がいました。みんなが卵焼きを作った日も、やっぱりスクランブルエッグを作る！　と言って作り、レッスンの一週間が終わったあと、おばあちゃんがサンドイッチを作ってくれる日には、具にするスクランブルエッグを作ったそうです。おいしくできたこと、家族がおいしいと言ってくれたことがとってもうれしかったようです。

こんな風に、ひとつのことを納得いくまでやりたがることは珍しくありません。自分で納得するまでやり続けて、そのうち自然と卒業しますので、心配しなくても大丈夫です。子どもが自分でチャレンジをして、納得できるようになるまで繰り返し、自分で卒業していくまでどうぞ見守って付き合ってあげてください。

スクランブルエッグを作り続けていた子どもさんは、とっても心が落ち着いて、なんと、姉妹ゲンカをしなくなったそうです。きっと、自分のやりたいことをとことんやれたことで、自信もついたし心も落ち着いて安定し、イライラしなくなったんでしょうね。こんな素敵な成長が見られるなら、毎日でもスクランブルエッグを食べたいものですね（笑）。

怒らずに「ダメ！」をきちんと伝える秘訣

お料理をしていれば、ヒヤっとするような危ないシーンもよくあることです。本物を扱っていたり、危険なことがわかる子どもは、子どもなりに真剣に取り組む場合がほとんどですが、まだ、危険なことを本当に理解していなかったり、慣れてくるころに、少し雑になってきたりする場合があります。そのときは、きちんと注意をしましょう。

「ここは、さわると手が切れるよ」「ここをさわると熱いよ」と、シンプルに伝えます。何度も言っていることでも、伝えるべきことだけをしっかりとシンプルに伝えましょう。

「いつも、言ってるでしょ！」「だから言ったでしょ！」「何回言ったらわかるの？」などは、子どもに言ってもまったく効果はありません。危ないことをしていると、ついついこちらもドキドキして感情的に怒ってしまうことがあるかもしれませんが、そこはぐっとこらえて、必要なことだけをシンプルに淡々と伝えます。

また、お料理をしている間に、遊びに変わっていくときがあります。包丁をトントンと雑にまな板にうちつけていたり……きっと、音や感覚を楽しんでいるのだと思いますが、さすがにそれは包丁でやることではありません。でも、楽しくてやっているので、やめるように言うと、もっと激しくやったり、癇癪を起す場合があるかもしれません。そんなときは、いったん包丁を置いて、キッチンから離れたところまで連れて行き、深呼吸をしてから話をします。遊びが始まってしまっているところに、「やめなさい！」「あぶないでしょ！」と言っても、残念ながら子どもには、響きません。どうしてもやめないのなら、ほかの遊びで同じようなことをできるものを提案する。

やっぱりお料理がしたい。と言うなら、安全な正しい使い方をもう一度説明し、納得させてからキッチンに立つ。根気はいるかもしれませんが、くり返している間に、「料理」と「遊び」の区別がつくようになってきます。感情的に怒ってしまうようになると、一緒にお料理することが楽しくなくなってしまう……。それは、とってももったいないことですので、深呼吸しながら、ちょうどいい感覚を親子で探してみてくださいね。

失敗を笑顔に変える秘訣

せっかく一緒に作って、ママも子どももがんばったのに、できあがった料理がおいしくない……。とっても残念ですね。そんな場合は、まずは子どもに味の感想を聞いてみてください。子どもが「おいしい！」と言って、パクパク食べているようでしたら、そのときだけはママもがまんして食べてあげてください（笑）。ただ、子どもの味覚は敏感だし、正直ですので、いくら自分で作ったものでも、おいしくないと感じたら、自然と箸は進みません。そんなときは、どうしたらよかったかな？　今度作るときは、どうしようか？　今、これを食べるにはどうしたらおいしくなるかな？　など、一緒に改善点を探します。まるこげになってしまったり、塩のかたまりがどっさり入る……などの大きなミスがない限りは、食べられないほどまずいものにはならないはず……。実際、10年間レッスンをしてきて、７０００組以上の親子と一緒にお料理していますが、食べられないほどのお料理ができあがったことはありません。おいしくできるような準備とママのサポートがあれば、きっと大丈夫。子どもの作るお料理は、ほんとうにおいしくて、心があたたかくなりますよ。

第7章
子どもの心が育つ幸せな家族と家庭環境とは

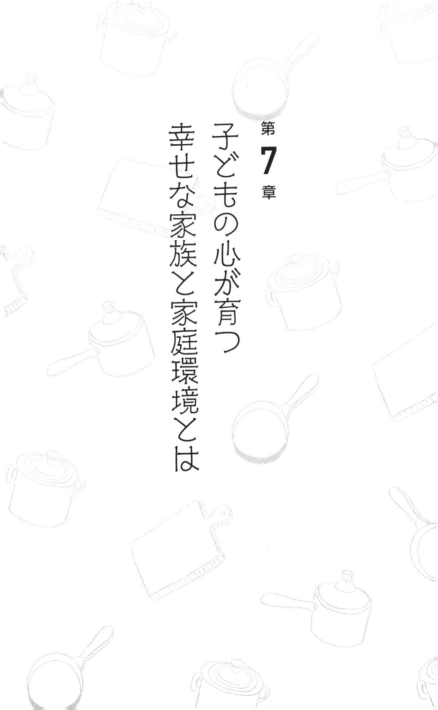

家庭は本来、子どもにとってどんな場所？

私が育った家庭

あなたにとって、子どものころ「家庭」とはどんな場所でしたか？

私は、小さいころは何も感じていませんでしたが、中学校に入るころ、思春期に差し掛かるころから家庭はあまり居心地のよい場所ではありませんでした。正直に言うと、両親に心を開いていないなかったんです。どこか窮屈で、心も身体も心底休まる場所ではなかったように思います。父は、ワンマンで自分の話しかせず、私や妹の話を親身になって聞いてくれることはありませんでした。いつも、母を虐げて、母は我慢の人でした。今の時代だと、〇〇ハラスメントと名のつくものは、ほとんど我が家の中に当たり前に存在していました。

第1章で書きましたが、子どもは、自分の世界と「ママの世界（＝社会）」が違うということを知り、衝撃をうけ「イヤイヤ期」という戦いモードに突入します。その次が「家庭という社会」。思春期までは「家庭という社会」の中で守られて育ちます。

そして、思春期になると「外の社会」との出合いがおとずれ、当たり前だと思っていた自分の家庭に疑問をもったり、違和感をもったりして、外の社会と家庭とを比べ親に反抗するようになる……と言っても、子どもは親に反抗するつもりはまったくなくて、外の世界を知り、自分の考えをもつようになり、自分をわかってほしいという思いが強くなるんですね。

何の疑いもなくあたり前だと思っていた家庭でのいろいろが、外の世界との出合いでどんどん揺らいでいきます。思春期までは、子どもにとっては家庭の常識がすべてだし、母親や父親の言うこと、考えることがすべてです。今思い返せば、絶対おかしい！　と思える私の父のワンマンぶりでさえ、私の中では当たり前だったので、私の中には亭主関白・男尊女卑は何の疑いもなくしみついていました。

外の世界と出合い、自分の家庭とは違ったかたちで幸せそうな友達を見ていると、とてもうらやましかったし、いったい自分の家庭はどうなってるの？　などと思うようになりました。外から見れば、幸せそうな友達の家庭でも、それぞれの悩みはあったと思いますけどね。

そして、思春期も過ぎて、様々な価値観と出合いながら自分の価値観を創りあげていく中で、いったんあたり前だったものが壊れ、ゆらいで、迷いの中でもう一度、かたち創られていく、その過程が繰り返されていくのですが、その中で、自分の育った家庭の存在を見なおしていくように思います。

2度の結婚

私が自分の育った家庭を本当の意味で見つめなおしたのは、2回目の結婚生活が始まり、長男を出産したあとでした。どうしようもない孤独感におそわれて、育児や家事、仕事と、こんなにもがんばっているのに、どうして誰もわかってくれないだろう。どうして、心の底から安心することができないのだろう。いつも緊張感があって、ちゃんとしなければ、という強迫観念がありました。ちゃんとしなければ夫に怒られる、という恐怖感の中で苦しんでいました。それは、自分の育った思春期までの家庭での自分そのものでした。口答えすることを許されず、言いたくても言えない、言っても聞いてもらえない。そんなあきらめの中にいたのです。そして、父の存在を夫にあてはめていたのです。全く別の人なのに……。これは、1回目の結婚生活でも味わった同じ感覚でした。1回目のときは、子どもがいなかったこともあって自分の育ちを見つめなおすこともなく、すべてを相手のせいにして家を飛び出してしまったのです。

自分の育ちを見つめなおすということは、私にとってはある意味恐怖でもあったのでしょう。きっと無意識のうちにスルーしたくて相手のせいにしていたのだと今ならわかります。居心地がよくなかった自分の育った家庭なのに、気がついたら2度も同じ家庭環境を創りあげている私がいました。2回目の結婚生活が苦しくなり、また逃げだしたくなりましたが、今度は子どもがいるからそう簡単に家を飛びだすわけにもいかず、さすがに2度目の離婚はまわりの目も気になりました。他人と暮らすというのは、きっとこんなもので、あきらめの世界の中で、それなりの幸せと帳尻合わせをしていくものなのだと悟った気分でした。

本当の自分らしさに出合う

そのころから、コミュニケーションを学ぼうと思い、コーチングを学ぶようになりました。そこで自分の家庭のことを伝えたときに、コーチに、

「このまま、自分に嘘をついて、フェイクの中で生きていくのか？」

と言われました。心の芯にひびく、すごく痛い言葉でした。そのときの私は、自分

らしく生きたいと思いながらも、すでに、人生ってあきらめながら生きるものだと自分に思い込ませていたのです。自分らしく生きたい！　という思いを捨てきれずにいた私の本音があぶりだされた感じでした。まだ30代半ば、子どもも小さい。のこりの人生、ずっとフェイク？　想像しただけで、生きる屍のような気持ちになりました。と同時に、哀しいけど、自分の両親の姿が浮かびました。ワンマンな父は、今、幸せなのだろうか？　虐げられている母は、今、幸せなのだろうか？

そして……私は、自分らしく生きていくことができるのだろうか？

このときに、はじめて自分の育った環境をしっかりと見つめなおしました。よかったこと、よくなかったこと、両親に感謝すること、どうしても受け入れられなかったできごと、私の中に閉じ込めていたものを全部だしては、ひとつずつ味わいました。置き去りだった感情。抑え込んできた思い。正直、とてもつらい作業でした。でも、その作業をすすめていくと、ぼんやりと描いていた自分のあきらめ人生や、自分が自分らしくいられない家庭環境は、自分が勝手に創りだしていた仮想空間のようなものだと気がつきました。しっかりしなくちゃいけない。ちゃんとしなくちゃいけない。

と思い込んでいた重たい鎧をぬぐことができたのです。私にとって、コーチングでの学びは、自分と向き合うことのきっかけをくれ、ほんとうの意味での自分らしさをだすことができるようになりました。

私が私らしくいられる家庭

私自身が心からくつろげない家庭で、毎日一緒にいる夫がくつろげるわけもなく、子どもがのびのびと育つはずがありません。そんな簡単な理屈さえもわからなくなるほど、自分の育ちが影響するのだということを実感したのも、このころでした。だからといって、不思議に自分の育った環境を恨む気持ちがまったくでてこなかったのは、きっと、核家族でありながら近所や地域の中で育っていたからだと思います。近所のおばちゃん、おじちゃん、様々な年齢の友達やその兄弟姉妹。雑多の中でごちゃごちゃと入り混じりながら育った私は、自分の居場所をいつも家庭以外のどこかに見つけていたのでしょう。これは、私にとって、本当にラッキーな環境でした。現代のように、隣の人の顔も知らないのがあたり前のような生活をしていたら、心の居場所を失っていたように思います。

今度は、私自身が夫と一緒に、子どもがのびのびと育つように、まずは自分たちの家庭環境を整えていく番でした。

ところが……、夫はと言うと、海運業を営む家庭で育っているので、両親は、お盆とお正月、時々週末に帰ってくるくらいで、おばあちゃんに育ててもらっていて、これまた厳しいおばあちゃん。両親との思い出はほとんどないまま、高校からは寮生活が始まり、16歳以降、両親と生活することはなかったそうです。

そんな私たちですので、いざ居心地のよい「家庭」とは？　と考えたとき頭が真っ白になるのです。子どもたちと何でも話せるいい関係性を創りたい、大切にしたいって思っているけど、子どもたちがストレートに何でも話してくると、なんかドキドキしてしまう（笑）。え？　そんなこと親に話すの？　みたいな感じで……。

それで、時々、夫婦で話し合うのです。これでいいのかな？　って（笑）。そこに正解はないんですけど、ふたりで「よし」とできるかどうかは割と大切で、夫婦の間で考える「家庭」という居場所は、今子どもたちにとってどうか？　ということを確認し合っています。そして、私や夫が自分たちの親に求めていたものと、我が子たちが私たちに求めているものは違うはず。私たち夫婦の理想の家庭環境が創れたとしてもも、子どもたちがそれを望んでいるかどうかは別ですから、そこが押しつけにならないようにと気をつけるようにしています。

あなたの家庭は、いかがですか？　夫婦にとって、子どもにとって、そして、家族全員にとってどんな場所でしょうか？　雨風をしのぎ、生きていく食事をする場所？　それだけだとあまりにも寂しいですよね。今、家庭があなたにとって、パパにとって、子どもたちにとってどんな場所と感じているのか……一度、自分の気持ちと向き合ってみる。パパや子どもたちにインタビューしてみるといいかもしれません。最初は、突然何？　って言われるかもしれませんが、まずは、パパとママがどんな「家庭」を築きたいのか？　ということをしっかりと言葉にして確認し合うことが大切です。

あなたがあなたらしくいられる家庭

「どんな家庭を築きたいですか？」

結婚式のときに、よくある質問ですよね。結婚するときには、漠然と考えていたかもしれませんが、子育て中の今、もう一度考えてみてください。

もし、あなたが自分が育った環境に何か不満をもっていたり、イヤだった過去をくり返してしまうのではないかと不安をもっているとしても、ぜったいに大丈夫です。私が自分の過去の育った環境を受け入れ、恨みをもつこともなくきれいに清算できたように、あなたにもできます。そして、その日から、あなたらしくいられる場所＝家庭を築けるようになるし、それは、あなたの大切なパートナーや子どもたちもくつろげる場所になります。そして、自分で「○○な家庭を築きたい」が言葉にできたら、ときどき家族で確認し合ってくださいね。そのうえで、その築きたい家庭の中で、子どもたちはどんな風に育っているのか？　を感じ取ってください。

小さい子どもなら、のびのび育っていれば大丈夫ですし、言葉で気持ちを伝えられるくらいの子どもだったら、お家ってあなたにとってどんなところ？　って聞いてみるのもいいと思います。

家庭という場所。そのカタチに「お手本」はありません。夫婦で築くもの。いえ、人生の最期まで、築き続けるものだと思います。その中で、子どもがその子らしく個性と才能を存分に発揮し、チャレンジし、そして、成功したときも失敗したときも、すべてを受け止めてくれる帰れる場所であれば素敵だな〜と思います。

最初の項に書いていたように、親の思うよい結果ばかりを求めて、成功したときばかりにフォーカスしてほめていると、失敗したときに帰りにくい場所になってしまいます。

いつでも、どんなときでも、受け止めてもらえる。家庭がそんな場所になっていたら、思春期や大人になってから、あらためて親に話しにくいことや悩みごとを抱えるようになっても、きっとおうちに帰ってくるだけで、心がやすらぐと思います。本来、家庭とはそういう場所なんじゃないかと思います。

家族はそもそもどんな存在？

嫌いだった両親の姿にそっくりな自分

それでは、「家族」とはそもそもどんな存在でしょうか？　あなたにとって、あなたのママやパパはどんな存在ですか？　兄弟姉妹がいるとしたら、どんな存在でしょうか？

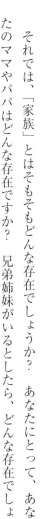

「家庭環境」という言葉がありますが「家族環境」という言葉はありません。また、「家族関係」という言葉はありますが「家庭関係」という言葉もありません。「家庭」は「場所」や「環境」を表していて、「家族」はそれを構成する「人たち」を表しています。これも、やっぱり自分が育ってきた家族の存在の影響がとても大きくて、スルーすることはできません。

私は、両親に心を開くことなく大人になってしまいました。人生の岐路を何度か経験もしましたが、折り入って相談することもなく、いつも自分で決めて事後報告。相談したりアドバイスを受けるという機会はありませんでした。妹とは、何でも話せて頼りにしている存在ですし、今でも私のいちばん近いよき理解者として、心のそばにいてくれています。両親とは、心の通ったコミュニケーションをとれたと感じた経験はなく、何を言ってもわかってもらえないと決めつけていました。

では、夫に対してはどうだったでしょうか？　もちろん好きで最初の結婚をし、幸せな家庭を築きたいと思っていましたが、結婚して家族になった途端、私は自分の両親と同じ関係性を元夫と創ってしまっていました。心を開かず、何でも自分で抱え込む。どうせ言っても聞いてもらえない、わかってもらえない、家族とはそういうものだと無意識に思い込んでいて、今だからわかりますが、元夫に対してもそういう自分になってしまっていたんだと思います。そして、誰も私のことはわかってくれないと拗ねていたんです。そして、離婚して今の夫と再婚したのですが、相手が変わっても心の溝ができ始め、気がつけば、いつも父に虐げられ「お父さんには言っても無理よ」と愚痴っていた母とそっくりな私になっていました。母に愚痴をこぼすと、「お父さんだってそうだよ」「生活させてもらってるんだから、我慢しなさい」と言われ、ますますこんなものだと思うようになっていました。そして、私が「家族」という単位で生活を営むことに向いていないのだと落ち込み、私は夫婦関係を築けないダメな人間だと思っていました。

しかし、子どもが成長するにしたがって、夫婦で話し合うことも増えてきます。何となく表面上で繰り返される会話は、着地点の見えない霧の中の飛行機状態。結局は、思いを伝えることができず、私が合わせるしかない。そんなモヤモヤしたものでした。

このままでいいのかな?　このまま歳を重ねて、後悔しないのかな?　もし、今離婚して、また再婚しても、同じことをくり返すんじゃないかな?　そう思い始めると、出口のないトンネルに入ったようで、毎日、夫の顔色ばかりを見るしんどい日々が続いていました。それは、いつも父の顔色ばかりを見ていた過去の自分でした。

そのころに、コーチングという学びとの出合い、前述のコーチに言われた言葉、そして、もうひとつ、学びの中で出合った言葉。

「親のコミュニケーションは子どもに継承される」――。

この言葉も、私にとってものすごく衝撃的でした。私の父は誰の意見も聞かず母を虐げていたし、母はそんな父に耐える日々。両親が夫婦で何かを話し合って決めているところを見たことはないし、妻はどんなに不平不満があっても夫に従うべき。そんな夫婦の姿を見て育った私は、教えられたつもりもなく、意識したつもりもないのに、ワンマンでもない夫に対して、自分の感情を何もかも封じ込めて「妻は従うべき」をしっかりと受け継ぎ、行動し、そして、誰も私のことをわかってくれないと自分の殻に閉じこもっていたのです。このまま私が同じことを繰り返していたら、このコミュニケーションのカタチは子どもたちにまで伝承されてしまう。これでは、誰も幸せになれない！　という危機感が私を襲いました。

めいっぱいの勇気で小さなチャレンジをした私

それから、自分の気持ちを言葉にし、夫に伝えるようにしました。はじめは、とってもくだらない小さなことでも、吐き気がするほど勇気をふりしぼって伝えたこともあります。夫の反応は？　というと、「は？　そんなこと？」のレベルです。こうして、ひとつずつ自分の気持ちを伝える練習をし、相手の言葉も被害者意識をもたずに、その言葉通りを受け止められるようになりました。そのときまでは、相手の深い意味がない発言も、自分が責められているような受け取りかたをわざわざして、心がしんどくなっていたのです。このころから本当の意味で夫婦の間での「信頼関係」を実感として味わえるようになったのです。すべてが私の独り相撲だったのです……。

するとどうでしょう……。「誰も私のことをわかってくれない」と拗ねていた私はいなくなり、毎日が楽しく、夫婦であること、親子であることの幸せが身体の中からあふれるようになりました。独り相撲をとりながら、もし、この子を連れて離婚することになったら……そんなことまで考えていた私が、コミュニケーションの本当の意味を心の底から理解しました。

コミュニケーションの語源はラテン語のコミュニナス。
コミュナスの意味は「分かち合うこと」です。

私たちは、コミュニケーションは会話や伝達法という意味でよく使っていますが、語源の意味はそうではありません。家族の間で大切にしたいのは、「会話」を超えた「分かち合い」なのです。

常に一緒にいると、言葉足らずになりがちで「会話」という名の「連絡事項」のやりとりが中心になってしまう。すると、知らず知らずのうちに、「どんな家庭にしていくの？」「子どもたちにはどんな風に育ってほしい？」「夫婦としての将来の姿は？」「それぞれの夢は何？」そんな風な、分かち合いたいことが見えなくなってしまいがちです。

家族とは、愛や思いを「分かち合える存在」として、いいときも悪いときもお互いの存在をみとめ合える。そんなコミュニケーション＝分かち合いのできる関係でい続けたいと思うのです。

子どもの心が育つ「家族関係」

「親のコミュニケーションは子どもに継承される」

この言葉は、私に衝撃を与えたあとも、ずっと私の中で生き続けています。自分では気がついていなくても、知らず知らずの間に受け継いでいる親の言葉遣いや話し方。たとえば、自分の子どもを叱るとき、親に言われてイヤだった言葉を言ってしまって、あ……、これだけは、言いたくなかったのに……。と、でてしまった言葉に後悔したことはありませんか？　私は、そんな経験は1回や2回ではありません。そのたびに、ひどく落ち込むこともありました。

そして、いつも気をつけているのは、「人の話を最後までしっかり聞く」「人のことを決めつけない」ということです。これも、父が人の話を聞かなかったこと、人のことを決めつけていたことが私に継承されているという前提で、自分の中で同じことが繰り返されないように気をつけています。気をつけていないと、自然と同じようなことをしてしまう。これは、仕方のないことかもしれませんが、自分の意識しだいで継

承せずに断ち切ることができるし、家族の間に「分かち合い」＝「コミュニケーション」を交わすことは必ずできます。私は、

「子どもの話をさえぎらず、最後まで聞く」

「子どものことを決めつけず、何を見て、聞いて、どんなことを感じているのかをしっかりと観察する」

このふたつを心がけていますが、いつもできているわけでもなくて、子どもから「勝手に決めつけないで！」と怒られることもあります。そんなときは、素直に謝ります。親も間違う。間違ったときは謝って訂正すればいい。親と子どもは、意識しなければ上下関係になってしまいがちなところを、いつも意識して横並びで一緒に成長する関係性を創りたいと思っています。横並びっていいですよ。向かい合わせでは緊張する間柄の相手でも、横に並んで同じ景色を見ていれば心もうちとけます。もし、子どもとギクシャクすることがあったら、景色のいいベンチに座って、同じ景色をながめてみるのをおすすめします。そして、一緒に料理をすること！ これも、横並びですよ！ぜひ、おためしくださいね。

それと、私の育ちのことについて、ひとつだけ書き加えておきたいのですが……、

ワンマンな父で、コミュニケーションもあまり通うことなく、ここまでも散々なことを書いてきましたが、私は父に愛されていました。それだけは、なぜかしっかりと感じとることができています。だから、恨むこともなく今にいたっているのかもしれませんね。

今風の「おうちごはん」スタイルで大丈夫

昭和を代表する漫画『サザエさん』を思いだすとき、どんな場面を思いだしますか？　私は、フネさんとサザエさんが一緒に台所に立っている場面や、丸いちゃぶ台を囲んで、家族でごはんを食べている場面が思い浮かびます。

今、このご時世に、家族全員そろって「いただきます」をできるご家庭がどれくらいあるでしょうか？　パパやママは、交代で残業。子どもたちは、かわるがわるに習い事や塾に通い、一緒に食卓を囲むというのは、週末にあればいいほうではないでしょうか？

そして、もうひとつの問題があります。一緒の食卓についていても、それぞれがそれぞれのスマホを手にしていて、目の前の家族ではなく、小さい画面の向こうの相手と会話をしています。私の小さいころは、ごはんのときにはテレビを消しましょう！　なんて言われていましたが、今と比べればテレビのほうがまだかわいいもので、テレビを見ながら一緒に笑ったり話したりするほうが、よっぽど家族らしいような気がします。

だからと言って、じゃぁ、どうすればいいの？　残業しないで帰ってくるってこと？　塾に行かせられないなんて、勉強が遅れてしまう！　そんな現実があるのも事実です。特別な秘策はないかもしれない。でもね。一緒のごはんを食べるってどうでしょうか？「一緒に」食べられなくても「一緒の」ごはんを食べることはできますよね。今日のお味噌汁、ちょっと味が薄かったね〜とか、ママのハンバーグっていつも美味しいよね！　とか。時間がずれていても、どこかつながりを感じられるのが「おうちのごはん」だと思います。

以前、シングルマザーのご家庭のごはん事情を取材したテレビ番組を見ていたときのことです。毎日ひとりでごはんを食べる女子中学生。それだけを見ると、とても寂しいごはん風景のように見えましたが、その女の子は、寂しいと感じたことがないと言うのです。何を食べているかというと……近くのおばあちゃんが作ってくれるおかずと、毎日、ママが作っているお味噌汁があるから、と。ママは、フルタイムで残業もある仕事。彼女が寝たあとに帰ることもあって、でも、どんなに遅く帰っても、毎晩、翌日のお味噌汁を作るのだそうです。毎日、おだしをとって、具材をかえて。自分の部屋で眠っている彼女は、おだしの香りや食材を切るトントンという音で目が覚めるときもあって、台所に立つママのところに寄っていくこともあるそう。そうやって、「毎日ママが作ってくれるお味噌汁があるから、ひとりで食べていてもママと一緒だし、ママの存在を感じることができるから、寂しくないです」。そう言う彼女はとても幸せそうでした。

一緒にごはんを食べることができない環境でも、親子をつなぐことができるのが「おうちごはん」。今、家族のすれ違いが多いライフスタイルだからこそあらためて大切にしたいと思うし、幼いころに一緒に料理をして、食べてくれる人への想い・作っている人の想いを感じとることが自然と身についている子どもは、いつも「感謝」を感じ、伝え合える人になると思います。そうすれば、たとえ同じ時間に同じ食卓につけ

ない日々があったとしても、ごはんでつながることができる……お互いの存在を感じ合うことができる。とても素敵なことだと思いませんか？

植物に根っこがあり、建物には土台があるように、どんなものにもそれを支えるものが必要です。子どもがその子らしく、個性と才能を活かして人生を自ら切り開いていく「生きる力」を身につけるためには、育つ環境がとても大切で、それが「家庭」という場所であり「家族」の存在が支えとなります。この二つが整っていなければ、どんなに素晴らしい「子育て法」や「声のかけ方」を学んでも、単なる張りぼてにしかなりません。まずは、ごはんでつながる。それが、今の時代の家族の絆だと確信しています。

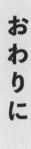

おわりに

実は私には、ふたりの息子の間に、娘がひとりいました。妊娠中も順調で、何の問題もなく超安産で元気に生まれてきて1日早く退院し、晴れてお兄ちゃんになった長男と家族の新しい生活がはじまりました。待望の女の子に私も夫も本当にうれしくて、幸せな日々を過ごしていました。しかし、生後19日目。娘は突然の高熱にうなされ、あっという間に天国に逝ってしまいました。今でも、最期の2日間は切り取られたフレームの中の思い出のような時間です。

娘が天国に旅立ったのは、2月2日。雪がちらついていたほんとうに寒い日でした。日常を過ごしていても、突然、涙があふれてくることがしょっちゅうあって、そのたびに長男が何も言わず私の横にきて、いつも手を握ってくれました。一緒にでかけ、

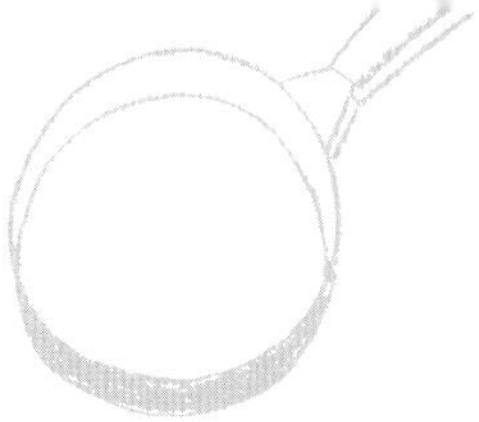

見知らぬ人に「お子さんはおひとりですか？」と聞かれ、「はい」と私が答えると「違う。妹がいたよ」と必ず言うのです。たった19日間一緒に過ごした妹の存在を、長男はしっかりと感じていて、妹の命を自分の中に生かしているのでしょう。そして、次男は、会ったこともないお姉ちゃんの話をよくします。お仏壇に手を合わせるのも、お墓参りに行こうと言うのも、いつも次男。お盆の送り火をたいたときは、「ねぇね。お空に帰ったらダメ」と言って、大きな声で泣いたこともあります。夫や息子たち、両親や妹家族、そして、たくさんの友達の愛に支えられ、私は、哀しみを乗り越えるのではなく、哀しみとともに生きる覚悟を決めました。

どんなに時代が変わっても、親が子どもを愛するということは、変わることのない事実です。世間で、子どもが問題を起こしたり、哀しい事件が起きたとき、必ずと言っていいほど、誰かが「親からの愛情不足」だと言います。でもね。私は、断言します。子どもを愛していない親はいない。ただ、愛情の伝え方がわからなかったり、伝えているつもりでもうまく伝わっていなかったりするだけなんだって。

今、世の中は、本当の自分を見失ってしまうほど忙しく、いつも、何かに追い立てられているようで、まるでスピードこそがすべてであるかのような時間の流れ方をしています。でも、子育てはまったく逆です。

先日、すごく素敵な言葉に出合いました。

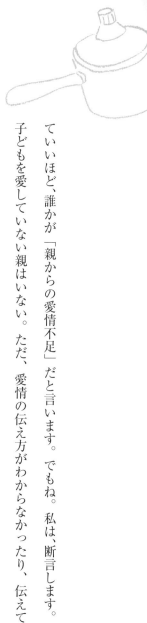

「期待」とは、「期」を「待つ」こと

私たちは、子どもに勝手な「期待」を抱き、待つことなく早く早くと結果を求めて

 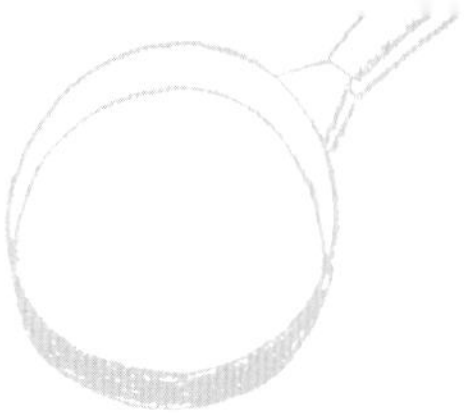

しまいがちです。でも、本当は「環境」を整えて、あとは子どもが成長する「期」を「待つ」だけなんですね。私が哀しみの中から日常を取り戻すまで、みんな「期」を待ってくれていました。だからこそ、思うより早く日常が戻ってきたように思います。

「こどもカフェ」に通ってくださっていた親子のエピソードをご紹介します。

今、小学校2年生になる女の子は、絵を描くのがとっても好きな子で、おうちにいるときはいつも絵を描いていたそうです。ママは娘さんが、絵を描くのが好きなことは知っていたんですが、ママの中では優先順位が低く、「そんなの描いていないで、ピアノを練習しなさい！　先に勉強しなさい！」とガミガミ言って、絵画教室に行くところまではしてあげられていなかったそうです。

そんな中、レッスンが終わった後、いつも私の似顔絵を描いてくれるので、もしよかったら、今、執筆中の本の中の挿絵を描いてもらえる？　と女の子に聞いたら、とびあがって喜んで、「いいよ！　いいよ！」と言って描いてくれましたので、この「おわりに」の中に掲載することにしました。私がお料理でお手本を見せているところです。みおちゃん、ありがとう。

コロナ禍、学校も休校になり時間もたっぷりあった中で、ずっと絵を描いている様子を見ていたママは、「あ～これが、好きで夢中になっていることを、もっと伸ばしてあげるということなのか！」と気がつかれたそうです。私が、好きなことに出合い、それを伸ばしてあげることがとっても大切！　と言っていることをそのまま体験されたのです。その後、彼女は念願の絵画教室に通うことになって、思いっきり絵を描くことを楽しんでいるそうです。

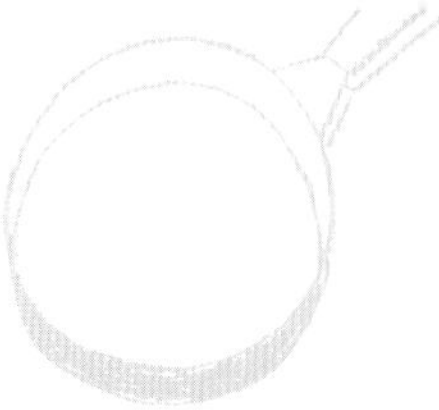

子どもの、子どもなりの成長をサポートする。
子どもの、その子が求めるゴールをみとめる。
子どもの、未来をすべて受け止める。

これができるようになれば、イライラママを卒業です。そして、あなたは、子どもの人生を生きずに、あなた自身の人生を生きてください。あなたには、あなたにしか創れない未来があるのです。

私は、この仕事を始めるときに、自分で約束をしました。

娘がもし生きていたら、結婚して母になっていたかもしれない。だから、娘が生きるはずだった未来を、安心して子育てを楽しめる社会にしていこう。そのために、今、子育てに悩み、イライラいているママたちが笑顔になるための活動を続けよう。そして、天国で娘と再会できることがあったら、胸をはって自分の生き方を自慢できるような日々を過ごそう——。

そう決めたのです。プライベートも仕事も、そうそううまくいくことばかりではありませんが、生徒さんとのおつき合いとして始まったママたちとの関係も、今では、ママ友を超えて、戦友?（笑）のような、ともに、子どもと自分たちの成長をよろこび合える仲間になっていて、その数もどんどんと増えています。そして、私たちの夢は、おばあちゃんになったら、みんなで温泉に行って、あのときこんなことで悩んで

いたけど、今、思い返せば笑い話よね〜〜って笑い合うことです。本書を通じて、ご縁をいただいたあなたも、一緒に温泉に行きませんか？

子どもを産み、育てるということは奇跡の連続です。日々に流されてそのことを忘れてしまうこともあるでしょう。

もし、あなたが子育てに悩んでいて、どうしたらいいのか答えを探しているときに、この本に出合っているとしたら、明確な答えは書かれていないかもしれません。この18年間。私が3度の出産と、1度の子どもを見送るという経験を通して強く感じていることは、家族・夫婦・母親・子育て……それぞれに、「〇〇すれば、うまくいく！」という「1＋1＝2」のようなたったひとつの答えはないということです。

この本がリビングの床に転がっていてもいい。ダイニングテーブルで子どものこぼ

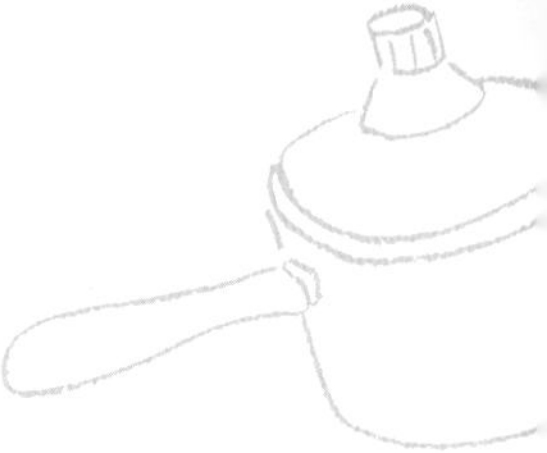

したお茶でぬれていてもいい。キッチンで水しぶきがかかっていてもいい。いつもがんばっているママのそばで、そのがんばりを見守る本でありますように。

イライラしているママが笑顔になることを心から願っています。

最後に本書の出版に際しまして、メンターの鈴木克彦先生からご縁をつないでいただきましたクローバー出版の小川泰文会長、Ｊディスカヴァーの城村典子さん、みらいパブリッシングの編集者、小根山友紀子さんには何もわからない私に、丁寧に何度も私の伝えたい意図をご確認いただきお導きいただきました。心から感謝しています。
また、挿絵を描いてくれた花本ゆきのさんは、娘さんが「こどもカフェ」の生徒さんでもあり、思い出を共有する仲間でもあります。彼女に挿絵を描いていただけたこともこの上ない喜びです。

そして、仕事と執筆に追われる中、「こどもカフェ」の認定教室「ちるくっく」の講師・平畑旭先生には、たくさんのレッスンをサポートいただき本当に助かりました。

本書内の写真、エピソードの掲載を快諾してくださった生徒さん。そして、なにより、仕事に夢中な私をいつも応援してくれる家族に心からの感謝を送ります。

すべてのご縁に愛と感謝をこめて。

村上三保子

村上三保子（むらかみ　みほこ）

ママのイライラを笑顔に変える専門家。

2010年より、2歳からの子ども料理教室「こどもカフェ」を主宰。「上手につくる」ことより「楽しくつくる」をコンセプトに、これまで7000人以上のママに、料理を通して子育ての楽しさを発見する喜び、子どもを自立へと導く子育て法を伝えている。教室のリピーター率は常に9割を超えている。

幼稚園、保育園、子育て支援団体などでの講演多数。また、「おはよう朝日です《子どもの習い事》」（朝日放送テレビ）、「どっきりはっきり三代澤康司です」（ABC放送）などのメディア出演もあり。

● ［こどもカフェ］ブログ
「ママのイライラが笑顔に変わる　2才からのこども料理教室」

https://ameblo.jp/happy-honey-life/

ようこそ！ 子育《こそだ》てキッチンへ

子《こ》どもがのびのび自立《じりつ》する　2歳《さい》からの子育《こそだ》てレシピ

2020年10月20日　初版第1刷

著　者　村上三保子《むらかみみほこ》
発行人　松崎義行
発　行　みらいパブリッシング
〒166-0003 東京都杉並区高円寺南4-26-12 福丸ビル6F
TEL 03-5913-8611　FAX 03-5913-8011
企画協力　Jディスカヴァー
イラスト　花本ゆきの
編集　小根山友紀子
ブックデザイン　池田麻理子
発　売　星雲社（共同出版社・流通責任出版社）
〒112-0005 東京都文京区水道1-3-30
TEL 03-3868-3275　FAX 03-3868-6588
印刷・製本　株式会社上野印刷所

ISBN978-4-434-28032-0 C0077